KB105244

페미니즘윤리학의 이해

페미니즘 윤리학의 이해

페미니즘 윤리학

버려진 성의 분노

[안네마리 피퍼 지음 ■ 문영식 옮김]

철학과현실사

헤르더(Herder)출판사의 글

윤리적 사유는 일상 생활에서 행위에 대한 규범들을 정립한다. 철학자들이 여태까지 단지 인류의 남성적 부분만을 생각했고 여성적 부분을 경시하거나 등한시하였다는 사실은, 여성들에게 강한 투쟁을 유발시킨다. 철학자들은 윤리적 사유와 행위에 대한 그들의 관점을 도전적으로 새롭게 논구한다. 페미니즘 윤리학의 여러 중요한 발단들에 관하여 이 책은 내용상 포괄적인 첫 번째 전망을 제시한다. 동시에 안네마리 피퍼(Annemarie Pieper)는 더욱 많은 일을 한다: 그녀는 페미니즘 윤리학에 대해 여러 발단들을 정리하고, 새로운 윤리적 사유가 남성 중심적인, 바로 남성 시각 중심적인 철학의 일면성을 어떻게 극복할 수 있는가에 대한 하나의 조망을 전개한다. 왜냐하면 한 가지 중요한 일이 폭로되기 때문이다: 남성 철학자들은 — 전 인류를 대변한다는 그들의 확언과는 반대로 — "타자", 특히 여성적인 것을 제외시켜버린다는 사실이다. 남성 중심적인 철학은 그처럼 여성의 성을 쓸모없는 것으로 방치했다. 따라서 페미니즘 윤리학은 여성들의 인식의 관심들과 규범적인 요구들을 위해 공평한 지식과 행위 이론 구축에 전념한다. 시몬느 드 보브아르(Simone de Beauvoir)와 뤼스 이리가레이(Luce Irigaray) 같은 중요한 여성 개척자들이 그러한 것을 보여주었다. 피퍼는 페미니즘 여성 사상가들이 핵심적인 것을 기여한 인간윤리학이 창안된 사회를 기획한다. 이 책은 윤리학과 철학에 관심을 갖고 있는 모든 사람들에게 중요한 정보를 제공하고 논리적 근거를 제시하도록 도와준다.

차 례

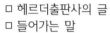

차 례

차 례

들어가는 말

페미니즘 윤리학에 대해 언급하면, 동시에 도덕 이론들이 성 특징적으로 계획될 수 있다는 사실이 가정된다. 사람들은 철학적 전통에서 인간의 지식과 행위에 대한 성찰의 다양한 형식들이 성 중립적이라는 사실에서 출발하는데도, 페미니즘 철학의 길을 넓히는 여성 철학자들은 소위 이성의 중립성이 그것의 배후가 연구되지 않는 채 보편 인간적인 것으로 표명되는, 특히 남성적인 인식 관심들에 대한 가설로 증명되는 한, 그런 이성의 중립성은 부당하게 획득되었음을 밝힐 수 있었다.

그리하여 수세기 이래로 여성들이 오직 제한된 이성의 수용 능력만 인정받았던 것은 놀랄 일이 아니다. 여성들은 학문 분야에서 완전히 적합하지 않은 사람으로 배제 당했다. 또한 일상의 중요한 일에서도 여성들은 합리적인 능력 결핍을 이유로 진정한 결정의 권한을 허용 받지 못했다. 인간 이성이 무엇이고, 이성의 성과들이 무엇을 본질로 하고 있으며, 이성은 어떤 종류의 기준들을 사용하는가를 결정하는 일이 실제로 남성들의 정립이라면, 그 경우 지금까지는 동의를 못 얻었지만 남성중심적인 세계관에 근거를 둔 기본 체계는 선험적으로 확정되는 셈이다. 그리고 이 세계관과 차이가 있거나 일치하지 않는 모든 것은 열등한 가치로 평가된다. 즉, 이성 자신에 의해 보편적인 것으로 선언된 규범들이 오직 허용될 수 없는 보편화를 근거로 해서 이성의 타당성을 요구할 수 있다는 것을 이성은 인식하지 못하고, 자기 자신을 성 특징적 기관이 아닌 것으로 표명하는 이성의 이름으로 평가한다.

페미니즘 윤리학은 전통적인 윤리학에서 기초로 되어 있거나 대표되었던 도덕의 일면적인 인간상 및 일면적인 이론을 정정하는 것을 과제로 했다. 이 과제를 완수하기 위한 첫 번째 조처에서 페미니즘 윤리학은 지금까지의 도덕 철학에 은폐된 남성중심주의를 밝혀내는 것을 시도하고, 두 번째 조처에서 "여성의" 도덕의 자기 이해와 그 특징을 규명하고, 그 바탕 위에 여성들의 지금까지 억압된 인식 관심들과 규범적인 요구들을 정당히 다룰 지식과 행위 이론을 구축한다. 세 번째 조처에서는 남성의 도덕 이해와 여성의 도덕 이해가 서로 경쟁하지 않고 간섭하지 않으며, 서로 종속되지 않고 똑같이 단념할 수 없는 참다운 인간 도덕의 두 구성 요소로서 역할을 할 정도로 통합되어 있는 윤리학의 계획을 완성하는 일을 중요하게 다룬다.

따라서 "페미니즘 윤리학"이란 어법은 도덕의 이론들이 표

현된 말의 의미대로 성 특징적이라는 인상을 일으켜서는 안 된
다. 오히려 "페미니즘적"이라는 부가어는, 도덕 철학의 역사가
지금까지 갖고 있는 많은 윤리학 모델들이 성을 극복한 인간적
인 행위 원리들을 오직 구명해야 하는 도덕 철학의 요구에 부
응하지 못하고, 핵심에서 남성 중심적이라는 사실을 암시하는
것으로 이용되고, 바로 그러기 때문에 그 윤리학 모델은 타성
의 관점을 논구하는 페미니즘 윤리학을 등장하게 해서 개입하
도록 도발하는 것을 암시하는 것으로 이용된다. 인간적인 윤리
학이, 그리고 그 자체로서 성을 특징으로 하지 않는 윤리학이
아직도 절실히 요구되는 것으로 있는 한, 페미니즘 윤리학에
관한 논의는 반드시 계속될 것이다. 그러나 성들을 포용하는
그런 윤리학도 앞으로 성을 특징으로 하는 도덕 윤리학임이 틀
림없다.

제1장
성 차이의 문제에 대하여

페미니즘 윤리학의 출발점은 성 차이의 문제이고, 그런 문제는 남성 담론에서 여성들의 본질적인 것의 인식을 토대로 하여 여성적인 것의 정의를 사용해1) 여성 행동의 여지에 관한 선(先)결정이 이미 이루어지는 한, 단순한 이론적인 문제 제기를 포함하지 않고 매우 중요한 도덕적인 문제 제기를 포함한다.

---

1) 본질에서 규정되는 것은 유별나게 항상 여자다. 레기나 라이히바인(Regine Reichwein)은 "여성이란 신화"의 심포지엄의 진행중에 "어떤 남성이 자기 자신을 정의할 생각을 하겠는가?"라고 질문한다. 심포지엄을 준비하기 위해서 브록하우스(Brockhaus)에서 표제어 '여성'과 '남성'을 찾아봤던 엘리자베스 리스트(Elisabeth List)가 그것에 대한 뒷받침을 준다. "'여성' 항에서 우리는 보수와 진보 사이의 미결의 표제어를 발견하게 되는데, 그 표제어는 여성은 가정, 출산 등을 말한다. '남성' 항을 찾아보면 우리는 두 개의 표제어를 본다. 하나는 토마스 만(Thomas Mann), 다른 하나는 하인리히 만(Heinrich Mann)이다(B. Schäffer-Hegel / B. Wartmann, 편집인 : 『여성이라는 신화. 부권제의 기획과 연출』, Berlin 1984, 384 이하).

대략 3000년 역사를 통해 우리에게 알려져 있는 부권적으로 구조화된 사회들에서 성 차이 문제는 이론적인 측면에서 전혀 문제점들이 제기되지 않았던 것이 사실이다. 사람들은 남성 혹은 여성으로 태어나게 되고, 그들 사이의 구별이 외적인 성의 징표들을 근거로 눈에 띄게 나타날 수 있다. 자연은 이런 파악에 따라 인간에게 생물학적인 스탬프를 찍었고, 그렇게 함으로써 일정한 행동 형식들을 불가피하게 미리 계획된 성을 개인에게 확정된, 마음대로 처리할 수 없는 성으로서 분배했다.

　　적어도 보브아르의 책 『제2의 성』이 나온 이래로 사물에 대한 단순한 자연 그대로의 시각은 철학적인 관점에서 의심받게 되었다. 그동안 정신분석학과 신학, 문화과학의 분야에서 많은 탐구들은, 인간이란 생물체는 태어날 때부터 오직 남성적이거나 여성적인 것이 결코 아니고 교육 과정과 사회화 과정을 통해 남성이 되고 여성이 된다는 견해에 기여했다. 앵글로색슨의 언어권에서는 천성적인 생물학적인 성 섹스(sex)와 젠더(gender)의 개념은 타고난 생물학적인 성과 성 역할을 구별해서 표시한다. 이때 성 역할들은 전통적으로 확립되어 있는 자연적 육체적 구비 조건보다 남성과 여성으로서의 자기 이해의 면에 의해 적지 않게 각인된다. 따라서 성 소속성은 한편으로는 확정되어 있고 다른 한편으로는 획득된다. 본질적으로 남성 이해에 의해 정의된 사회의 역할 승인이라는 제2의 관점은 오랫동안 간과되었고, 그 결과 자연의 작품으로 표명될 수 있었다. 그러나 상세히 관찰하면 그것은 그 자체로서 문화 제약을 받고 있으며, 언제나 변경할 수 있는, 가치 지향적이고 목적 지향적인 인간 설정에 근원을 두고 있다.

1. "여성으로 태어나는 것이 아니라 여성으로 된다" (시몬느 드 보브아르)

1949년에 출판된 900쪽이 넘는 보브아르의 해박한 선구자적
인 작품『제2의 성 — 여성의 도덕과 성』은 무엇보다 성 차이의
문제를 다룬 것으로서 오늘날까지도 놀랄 만한 시사성을 띠고
있다. 철학적으로 사르트르의 입장에 가까우며 동시에 시대의
정신분석적인 담론에 정통하고 특히 문학적으로 조예가 깊은
그녀는, 여성이 무엇인가라는 물음을 가지고 폭넓은 대답의 다
양성을 증언하기 위해 독단의 성격을 취했던 전통적인 이데올
로기들, 선입견들, 고정된 신념들, 학문적 연구들, 소설들의 연
구에 착수하고, 그 물음에 대한 대답의 출처와 주변 주장의 근
거에 비판적 분석을 한다. 이때 그녀의 출발점은 "모든 주체는
기획들을 통해서 자신을 구체적으로 초월로서 정립한다"(25)[2]
라는 실존주의적 윤리학의 관점이다.

보브아르가 출발점으로 하고 근거로 삼는 철학적-인간학적
전제는, 인간 종에 속하는 모든 생물체는 "주체"이고 그 자체로
오직 자유 안에서 자유를 통해 인간 자신을 실현할 수 있다는
것이다. 그러나 자유는 정지된 특성이 결코 아니고 자기 스스
로 설정한 계획들에 따라 자기-자신을 산출하는 역동적인 과

---

2) 보브아르:『제2의 성 — 여성의 도덕과 성』(새 번역), Reinbek 1992.

정이다. 주체는 자기 자신이 기획한 것에 도달하여 멈추지 않고 항상 새롭게 기획함으로써 자신을 뛰어넘고 자신을 초월한다. 따라서 자유는 자아의 추상적 소망의 상이나 이상적 자아의 상들에서 끝나지 않는다. 오히려 인간의 자유는 한편으로는 상황적으로 연관되어 있고 다른 한편으로는 무한히 열려 있는 미래에 자유의 자기 기획들을 위한 한계 없는 활동 범위를 소유한 역사적인 자유다. 오직 끊임없는 완성을 추구함으로써 자유는 구체화되고, 다른 자유를 목표로 자신을 뛰어넘으며, 변화된 이 형식에서 자기 자신으로 돌아온다.

주체가 궁극적으로 더 능가될 수 없는 충만한 상태의 자기 자신에 도달했다고 믿기 때문에, 그리고 주체가 때때로 자신의 새로운 기획을 방해받기 때문에 자유는 자기 초월의 운동을 더 이상 하지 못한다. 그런 자유는 초월의 상실이 자기 기획의 담지자와 완성 기관으로서 자기 의식을 갖는, 따라서 자유로운 존재로서 홀로 존재하는 주체의 상실을 초래하기 때문에, 보브아르에 의하면 그 운동을 중지한다. "초월이 내재로 추락할 때마다 존재는 '즉자존재'로, 자유는 사실성으로 과소평가가 일어난다. 주체가 추락을 긍정하면 이 추락은 하나의 도덕적 결함으로 되고, 이 추락이 주관에 맡겨지면 그것은 좌절과 압박으로 된다. 이 두 경우에 추락은 절대적 악이다"(앞의 책).

보브아르에 따르면, 여성들은 예전부터 자유로운 기획에 따라 자기 자신을 뛰어넘어 발달시키는 것을 방해받아왔다. 남성들에 의해 강요받은 그 규정들의 내재에 갇혀 있는 "여성들의 초월은 끊임없이 본질적이고 절대적인 다른 의식을 통해 이루어지기 때문에"(26), 자신을 초월할 수 없고 자율적인 인격체로 자신을 구체화할 수 없다.

여성은 무엇인가? 생물학적인 표준에 따른 대답은 "여성은 난소를 갖고 있는 자궁이다. 여성은 암컷"이라는 것이다(27). 그러나 객관적 인식을 획득하는 데 명백히 어떤 장애도 되지 않는 고환과 호르몬이 소속되어 있는 해부학을 남성들이 실제로 장악하고 있는 한, 보브아르는 그 정의를 놀랍게 여긴다. 여성이 완성하는 모든 것은 피할 수 없이 여성의 성을 통해 결정될 정도로 "여성은 여성의 호르몬 분비선을 가지고 사유한다"(12)가 여성에게 가정되어 있는 반면, 남성은 자신을 권위 있는 주체성으로서 이해한다. 그러한 주체성의 육체성은 남성에게 부담이나 장애로 간주되지 않고 전혀 오류 없는 객관성을 보증하는 도구로 간주된다. 사물들의 진리로 남성의 특권적인 접근에 대한 완전히 자명한 이 믿음이 자연의 은총에 기인한 것이 아니고 남성 자신의 관점의 절대화의 결과라는 것을 보브아르는 확인한다. 그것에 따라 여성은 남성이 아니고, 남성적일 수 있는 일체의 가능성이 없는 대립적인 것으로 파악된다. "인류는 남성이다. 그래서 남성은 여성을 그 자체로 정의하지 않고 자신과의 비교에서 … 정의한다. 그리고 여성은 남성이 규정하는 … 것 이외의 어떤 것도 아니다. 남성에게 여성은 성적이고, 즉 여성은 절대적으로 … 그러한 존재다. 본질적인 것에 비교하면 여성은 비본질적인 것이다. 남성은 주체이고 절대적인 것이다. 여성은 타자다." — 모든 자유를 오직 자기 자신만을 위해 요구하는 주체에 대한 단순한 객체다(앞의 책).

보브아르의 비판은 성 차이의 이원성을 겨냥하는 것은 아니다. 반대로 그녀는 "타자성은 인간 사유의 토대가 되는 범주다"(13)라는 사실을 강조한다. 우리는 한편을 다른 편과 관계시키고, 그 한편을 한편이 아닌 모든 것과 경계 지음으로써 항상 대립 가운데 사유한다. 반면에 그녀가 반대하는 것은 대립의 한편이 긍정적인 것 일반의 총괄 개념으로 주장됨으로써 동시에 대립의 다른 측면에 하나의 오직 부정적인 기능을 전가시키는 배타성이다. 보부아르에 따르면, 타자성의 범주는 양극 중의 어떤 극도 다른 극 자체와 관계없이 규정될 수 없기 때문에, 양극은 동일한 권리를 갖는 상관 관계로 있는 상호 관계의 바탕을 만든다.

성들의 관계에서 오래전부터 남성은 우세했고, 남성이 여성을 자신에게 의존하도록 한 것은 달성된 정복 행동들의 자연 발생적인 성과가 아니고 역사적 발달의 결과도 아니다. 여성은 남성에 의해 자신에게 암시된 상을 수용했고, 이 상에 대해 여성 자신의 기획된 상을 결코 대립시킬 수 없었기 때문에 여성은 자신의 과거와 역사, 종교를 결코 갖지 못한다는 것이 보브아르에게는 확실하다. "여성은 자신을 결코 본질적인 것으로 역전시키지 못한 비본질적인 것으로 자신을 인식한다면, 그것은 여성 자신이 이 역전을 완성하지 못하기 때문에 그렇다"(15). 물론 자기 규정의 기회와 자유롭게 자기 자신을 처리하는 권한은 남성적인 관심의 우위와 성취 능력을 고려해볼 때 여성에게는 차라리 망상이었다. 그러나 아직 어떤 것도 결정되지 않았고 그런 한에서 성들의 관계에서 일종의 균형이 지배했던 근원적 상황이 태초에 한번은 존재했다는 것에서 보브아르는 출발한 것처럼 보인다. "최초에 승리했던 사람이 어떻게 다른 사람이 아닌 바로 남성이었는가를 밝히는 일만 남는다"(17).

보브아르 생각에 따르면, 어쨌든 여성은 스스로가 불평하고 있는 억압과 부자유 상태에 완전히 관여하지 못했다. 여성의 초월에서 여성을 단절시켰고, 모든 가치를 여성에게서 탈취했던 타자의 의지에 자신을 복종시킴으로써 여성은 실로 자신을 자기 자신으로부터 소외시켰지만, 그 대가로 여성은 "하나의 자기 책임의 존재 불안과 긴장"을 피할 수 있었다. "타자로 있음을 거부하고 남성과의 공범을 거절하는 것은 여성에게 더 높은 사회 계층과의 유대를 가져다줄 수 있는 모든 이익들의 단념을 의미한다. 지배자로서의 남성은 예속자로서의 여성을 물질적으로 뒷받침하게 될 것이고 여성의 현존을 정당하게 하는 권한을 위임받을 것이다"(앞의 책).

1) 남성으로서의 존재

남성적 존재는 여성적 존재가 "타자"로서 그려져 있는 윤곽의 배경이기 때문에, 남성의 자기 이해의 하나의 분석은 성들의 차이 문제를 이해하는 데 도움이 되고, 남성으로서나 여성으로서 세계-안에-있음에 대한 다양한 가치 평가의 첫 번째 근거들을 제공한다.

보브아르는 남성의 존재를 초월로 묘사한다. 즉, 남성은 자신의 유일성의 의식에서 끊임없이 세계를 발달시키고, 세계를 넘어 창조적인 자유를 수단으로 해서 자신의 발달을 추구하는 하나의 존재다. 그녀는 예술적인 활동을 현재의 존재를 뛰어넘어서는 창조적인 초월의 패러다임으로 인용한다. 즉, "예술, 문학, 철학은 세계의 새로운 근거를 인간의 자유, 창조자의 자유에 두는 시도들이다"(877). 넓혀진 이해에서 모든 완성은 그 안에서 가치가 정립되고, 동시에 의미가 태어나는 창조적인 행위, 하나의 초월이고, 그 초월을 통해 창조적인 주체가 자신을 자율로 동시에 자신의 자유 능력을 갖는 것으로 입증한다.

남성은 초월로서 인간의 보편적 정의에 완전히 일치할 것을 자기 자신에게 요청한다. "남성이 소유한 그리고 어린 시절부터 그가 감지한 현저한 장점은 인간으로서의 그의 사명이 남성으로서의 그의 규정에 어떤 모순을 결코 갖고 있지 않다는 것에 있다"(844). 남성으로 존재하는 것은 인간으로 존재하는 것과 똑같은 의미를 갖는다. 오직 남성적인 인간이 단어의 본래와 본질적인 의미에서의 인간이다. 그 결과 '인간의'라는 부가어는 근본적으로 남성에게 필요 없다.

남성과 인간의 동일시는 초월 개념을 매개로 해서 이루어진다. 자신을 뛰어넘는 운동으로서, 더 높은 것으로의 추구 운동으로서 초월은 "남근이 육체적으로 초월을 구현"(73)하고 있는 한, 바로 초월의 이 징표를 뚜렷하게 제시하는 육체 안에서 자신을 객관화한다. "남성적인 인간은 초월의 유일한 구현이다"(100). "남근과 초월을 동일하게 보는 것을 통해 그(남자)의 사회적이고 정신적인 성공은 그에게 남성의 위신을 부여하는 결과로 나타난다"(844). 따라서 자율은 인간이 남성적인 성에서 객관적인 형태를 취했다는 것을 알려주는 증거다. 남근은 "자율, 초월, 권능의 상징"(345)이며, 동시에 완전히 인간 존재를 상징하는 역할을 한다. 완전한 예술품으로서의 남성 신체에서 인류는 인류 최고 목표를 구체화한다.

초월 의미에서 존재한다는 것은 항상 정립의 행동이고 동시에 반정립의 행동이다. 자유는 타인의 자유와 충돌하고, 따라서 타인의 자유에 대해 자신을 주장한다. 자기 자신에게 권능을 부여하는 것은 타인의 초월의 억압과 연관되어 있다. 보브아르에게는 인간과 인간 사이의 관계가 오직 투쟁의 범주, 즉 승리-패배, 지배-복종에서 생각되고 실행된다. 패권적인 남성적 의식은 자신의 우월성을 "객관적으로" 시위하려 한다. 즉, 그것은 자기 기획을 위협하는 모든 정립들을 신뢰할 만한 자신의 초월의 지배 아래 강제적으로 복종시키는 것을 통해 자신의 우월성을 나타내려 한다. 타자의 초월에 의해 초월될 수 있는 사람은 단순한 객체로 강등된다. 자기와 세계는 스스로 의미로 정립되고 가치 사태로 확립됨으로써 자신의 자율성을 인정받게 되는 한에서, 자기와 세계에 오로지 가치가 주어지면 주관성의 상실은 곧 자기 상실을 의미하는 동시에 세계 상실을 의미한다.

보브아르는 초월을 남성의 투쟁적인 활동성으로 파악하는데, 이것은 성애적인 단어에서도 읽어낼 수 있다. "성애적 어휘는 군대 식의 언어를 따른다. 성적인 사내는 군인과 같은 혈기를 갖고 있고, 그의 사지는 활처럼 팽팽하다. 사정할 때 그는 마치 기계총과 포탄을 발사하는 것처럼 사정한다. 그는 공격, 돌진, 승리에 대해서 말한다"(456). 가치가 있는 것은 노획된 재산과 물적인 소유를 확립하는 가시적인 성과들뿐이다. 이는 여자의 육체를 지배함으로써 복종시키는 일과 적의 제압과 자연의 정복을 통해 가능하다. 즉, 그것은 자유에 관한 비변증법적인, 비균형적인 이해가 표현되는 오직 초월의 순전한 형식들뿐이다.

2) 여성으로서의 존재

근본적으로 여성은 여성으로서 존재하지 않을 뿐 아니라 여성은 결코 존재하지 않는다. 혹은 초월로서 오직 자기 자신에 대한 능력을 갖고 있고, 그것을 통해 "가치들과 목적들을 정의하는 인간의 용모를 한 신들"(748)의 공동체의 존엄한 성원으로서 자신의 신분을 밝힌 남성을 통해 여성은 기껏해야 존재한다. 여성의 신체에는 남성의 신체적 특징과 같은 것들이 구비되어 있지 않기 때문에, 여성은 말하자면 성이 없기 때문에 여성은 또한 인간이 아니다. 초월적 기관의 결여는 여성이 부정되는 외적인 특징이다. 여성은 모두가 남성의 본질인 것을 결여하고 있다. 남성은 주체이고 여성은 비주체(객체)다. 남성은 초월이고 여성은 비초월(내재)이다. 남성은 행동하는 사람(가치 정립하는 사람, 정복자, 승리자)이고 여성은 행동하지 않는 사람(억압받는 여성)이다. 남성의 완전한 타자로서 여성에게는 악이 구현된다. "타자는 능동성과 비교하여 수동성이며, 통일성을 분쇄하는 다양성이고, 형식에 대립하는 질료며, 질서에 대항하는 비질서다. 그와 같이 여성은 악에 내맡겨져 있다"(107). 여성의 이 부정적인 상은 남성 자신의 자기 이해의 정의를 인간적인 것 일반의 규범으로 끌어올린 남성 시각에서 표시되었음을 보브아르는 늘 강조하여 주의시킨다. "여성은 … 오직 남성과의 관계에서 정의된다." 이것은 "여성을 있는 그대로 긍정적으로 보지 않고 남성에게 보이는 대로 부정적으로 보는 것"에 대한 근거다(194 이하). "여성에게 남성성이 결여되어 있기 때문에 여성은 여성이다"(261). 따라서 어린 소녀들은 이미 자기 경험과는 반대로 자신들의 신체를 초월 운동을 위한 직관의 자료로 동원할 수 없는 결함이 있는 소년들이라는 것을 배워야 한다. 그러므로 소녀들은 말하자면 손해를 보는 사람들, 열등한 성질의 인간들이라는 것을 배우지 않으면 안 된다. 그 결과 그녀들의 신체 그리고 신체와 관련된 모든 것 ― 월경, 임신 등 ― 을 그녀들의 생물학적인 운명으로 자신들이 떠맡는 일만이 그녀들에게 남게 된다.

보브아르의 비판은 두 가지 요점을 갖는다. 그 중 하나는 자신의 적극적인 가치들을 정립하지 못한, 그리고 자기 자신을 초월 능력을 갖는 여성적 주체들로 정의하는 것을 성취하지 못한 여성들에 대해 비판한다. 여성들이 여성의 실존이 갖는 독립적이고 의존적이지 않는 형식들을 기획하지 않고, 부권적인 구조들을 여성 자신의 것으로 습득하는 것을 보브아르는 여성들에게 비난한다. "실제로 여성들은 남성적인 가치들에 여성적인 가치들을 결코 대립시키지 못했다. 남성의 특권들을 유지하려는 사람도 그리고 분리를 고안해낸 사람도 바로 남성들이다. 오직 그 때문에 남성들은 여성의 분야 ― 일상 생활, 즉 내재의 나라 ― 에 여성을 가두어놓기 위해 오직 여성 분야를 조성하고 자 했다"(90 이하). 남성이 자기 자신을 근거로 해서 여성을 정의하고 남성의 — 오직 본질적인 관심들로 표명된 — 관심들을 통해 여성의 지평을 제한하는 것을 여성은 자신에게 허락했기 때문에, 여성 자신의 내재를 박차고 나와 참으로 인간으로서 존재하는 일을 여성에게서 방해하는 일이 남성에게 이루어졌다. "여성의 삶은 목적들을 겨냥하지 못한다. 말하자면, 그것은 항상 오직 수단들(의식주), 즉 동물적인 생존과 자유로운 실존 사이의 비본질적인 중계자들일 뿐인 사물들의 생산과 정리에 여성의 삶이 흘러간다. 비본질적인 수단의 유일한 가치는 가치의 유용성에 있다. 주부는 유용성의 분야에서 그렇게 살고, 여성이 자랑하는 유일한 유용성은 여성의 이웃에 유용한 사람으로 있다는 것이다. 그러나 실존하는 자는 비본질적인 역할에 결코 만족해서는 안 된다. 실존하지 않는 자는 당장 수단을 — 정치가에서 그것을 볼 수 있듯이 — 목적으로 한다. 그리고 수단의 가치는 실존적 태도를 갖지 않는 사람에게 절대적 가치가 된다. 따라서 주부의 활동 영역에서 유용성은 진, 선, 미, 자유보다 더 높은 자리를 차지하고, 여성 특유의 이런 관점에서 여성은 전 세계를 평가한다. 그 때문에 여성은 또한 아리스토텔레스의 황금률의 중간자, 중용의 도덕을 떠맡는다"(755).

여성들이 확정된 가치들의 세계에서 자신들의 고유한 가치를 모색할 것과, 남성들의 시각에서 특징지은 여성들의 성적인 특징에 얽매이지 않을 것을 보브아르는 여성들에게 호소한다. 여성은 오직 자기 자신의 포기와 남성 기준에 복종하는 것을 통해 절대적인 것에 참여할 수 있다는 사실에 기만당해서는 안

된다(812 이하). 무엇보다도 여성은 종교를 통해 기만당해서는 안 된다. "사회가 여성에게 항상 제공하려 했던 위대한 정당성, 최고의 화해, 즉 종교가 있다. 국민을 위해 하나의 종교가 필요하듯, 똑같은 이유에서 여성을 위해 하나의 종교가 필요하다. 한 성에게, 하나의 계급에게 내재의 유죄 판결을 내린 사람, 그 사람은 유죄 판결을 받는 사람에게 필연적으로 가짜 초월의 상을 제공했음에 틀림없다. 남성은 자신이 만든 법을 신에게 전가함으로써 그는 잘 행동한 것이다"(773).

여성은 남성 못지않게 자유의 능력이 있다. 그렇게 보브아르는 종합한다. 그러나 이 능력을 형성하기 위해 실로 여성뿐 아니라 ― 그리고 이것은 남성에 대한 그녀의 제2의 비판 요점이다 ― 또한 남성도 오늘날까지 양성의 대부분 머릿속에 고정되어 있는 것 같은, 여성의 상은 부권제의 산물이라는 것을 알지 않으면 안 된다. 그러한 산물이 지탱되었고 아직도 존속하고 있는 지속성을 남성들을 특별히 도와주는 이익에 대한 집요한 고집으로 꿰뚫어보지 않고 자연 법칙으로 보는 것은 오류며 그것의 수정이 날로 시급하다. "역사적 사실은 영원한 진리의 정의로 관찰될 수 없다. 그것은 끊임없는 변화의 진행중에 있기 때문에 바로 역사적으로 나타나는 하나의 상황을 표현한다"(881).

남성=인간의 등식은 전체적으로 수용되지 않는다는 것과, 이와 관련되어 있는 여성들의 차별 대우가 어떤 방식, 더욱이 생물학적으로 '자연'을 근거해서도, 의학적으로 해부학을 관련시켜서도 정당화될 수 없다는 것이 밝혀진 이상, 성 차이는 하나의 새로운 해석을 필요로 한다. "자연은 여성을 규정하지 않는다"(62 이하). 여성들에게 그녀들의 자유를 사용하지 못하게 방해하는 것은 또한 여성들의 호르몬이나 본능이 아니다(747). 사정이 그러하다면 남성도 자신을 초월로 규정할 수 없게 된다. 왜냐하면 "존재하는 자(즉, 모든 사람)는 하나의 성적인 신체"(70)이고 남성은 여성에 못지않기 때문이다. 또한 여성의 생물학적인 상황이 다르다 하더라도 그 사실로부터 남성 우위의 관점이라든가 우월성은 도출될 수 없다. 보브아르는 단호하게 표현한다: 소년들과 똑같이 소녀들에게도 신체는 맨 먼저 한 주체성의 발현이요 세계를 이해하는 도구다. 즉, 그들은 눈과 손을 가지고 우주를 파악하지 성의 부분을 가지고 우주를 파악하지 않는다"(334).

똑같은 주장이 세계가 합리적으로 추론될 때 사용되는 범주의 표들에게 적용된다. 보브아르에 의해 꼭 인용된, 여성들이 흔히 비난받고 있는 논리학과 이성의 결핍은 비교적 무게가 적은 여성 뇌(58)의 정신적인 결함에 근거하지 않고, 첫째로 여성에게 학문으로 접근할 기회의 차단에, 여성의 미성년 성을 집안 살림으로 고정시키는 데에 그 근거를 갖고 있으며, 다음으로 "여성이 남성의 논리학을 거부하는 데에 그 이유를 갖고 있다. 이 논리학이 여성의 경험 영역에서 효과가 없다는 사실은 별도로 하고, 이성이 남성들의 손아귀 안에서 교활한 폭력의 형태를 취한다는 … 것을 여성은 안다. 그래서 그(남성)는 짜증을 내며 여성에게 결여되어 있는 논리학과 여성의 고집을 비난할 것이다: 여성은 주사위가 위조되어 있는 것을 알기 때문에 게임하는 것을 거부한다"(764 이하). 여성은 남성에 의한 여성의 착취 종류와 범위에 대해 완전히 분명하지 않는다 할지라도, 그러나 일종의 주체가 못된 모든 것에 대해 권력 행사를 찬양하는 초월의 이상적 모델을 남성의 논리학 범주들이 획득하고 있다는 것을 즉각적으로 파악한다. "남성은 여성의 소유에서 단순한 본능 만족과는 다른 어떤 것을 기대한다. 즉, 여성은 남성이 여성의 객체를 매개로 하여 자연을 굴복시킨 우대받은 객체이고, … 지상의 감각적인 점유다"(211).

여성으로 참답게 존재한다는 것이 아직 요원하다 할지라도 여성 자신의 본래 기획으로 인정할 수 있는 그런 기획을 향한 끊임없는 도상에 현대의 여성은 있다. "자유로운 여성은 바로 비로소 태어난다"(88). 여성성에 관한 여성의 가장 근원적인 표상을 확신하기 위해 그리고 성적인 특수성에 근거한 인간적인 실존에 대한 여성적인 기획의 근거를 그 위에 확립하기 위해, 신체 경험은 여성이 자신의 몸에서 완성해야 하는 어떤 것이라는 통찰은 여성이 생물학적으로나 심리학적으로 그리고 경제학적으로도 결정되지 않는다는 인식을 전제할 뿐 아니라(334), 여성의 사실적인 자기 이해가 사회문화적이고 역사적으로 매개된다는 인식을 전제하고, 이때 초월에 대한 남성 이해를 여성 자신의 전형으로 사용하거나 여성의 자기 기획을 보편적인 인간 기획으로 절대화하는 이중의 오류를 저지르는 일 없이, 또한 자신을 여성 자체로 정의하는 일이 이제 여성에게 달려 있다는 인식을 전제한다.

3) 인간으로서의 실존

보브아르에 따르면, "인간은 타자를 사유함으로써 자신을 사유한다. 그는 이원성의 징표에서 세계를 이해한다. 그러나 이원성은 처음에 결코 성의 특징을 갖지 않는다"(95). 존재하는 모든 것에서 인식되고 또한 생명체를 일관하고 있는 이 이원성은, 이성의 관심이 일원성을 목표로 삼고 있는 한 성찰의 화근이 된다. 모든 목표 설정들과 의미 부여들은 궁극적으로 일원성의 계획을 통한 오로지 이원성 극복 시도들, 다시 말해 초월을 완성함으로써 자신 안의 다양한 것과 분열을 뛰어넘어 인간에 의해 정립된 근원의 일자로 넘어가려는 시도들일 뿐이다.

이원성의 사실과 거기에서 비롯된 일원성의 추구는, 보브아르의 실존적인 시각에 따르면, 바로 이 정황을 통해 초월을 불러일으켰던 인간의 근본 상황의 특징을 나타낸다. 인간의 정체성을 발견하기 위해 인간은 사유하고 느끼고 의욕하고 행동하면서 자기 자신의 통일을 위해 자신의 온 힘을 쏟지 않으면 안된다.

이제 통일을 추구할 때 타자에게 어떤 성질을 부여하는가는 보브아르에게 결정적이다. 이원성은 양극성을 의미한다. 내가 그 중의 한 극이라면 나는 나의 시각에서 나 아닌 다른 한편의 극과 어떻게 관계하는가? 지금까지의 상론에서 보브아르는 타자의 억압과 지배를 찬성하는 남성의 결정을 거부하고 있음을 밝혔다. 우리들이 조망하는 역사가 밝히는 바와 같이 일원성은 좀더 강자의 투쟁과 승리를 통해 영속적으로 만들어질 수 있다는 확신이 인류의 절반으로부터 그들의 자유를 빼앗을 뿐 아니라, 남성의 진영에 서열 구조와 계급 체계를 통해 분열을 굳히고 끊임없이 근본적인 통일을 기초로부터 위태롭게 하는 새로운 심각한 분열들을 또다시 야기했다.

보브아르는 타자를 제외하지 않고, 자신의 정체성의 기획을 위해 포기될 수 없는 파트너로서의 의미 설정에 통합시키는 통일에 대한 새로운 이해를 제안한다. "성별의 투쟁은 남성과 여성의 해부학에 직접적으로 내포되어 있지 않다"(883). 여성에게 초월의 권리를 인정하지 않으려는 남성의 노력들이나 남성을 여성의 내재적 감옥으로 끌어들이려는 여성의 시도들이, 두 경우에 치르는 값은 자유이기 때문에 똑같이 결함이 있다. 여성의 감옥으로부터 자유로워진 해방된 여성이 남성적인 자기 이해를 여성 자신의 것으로 만들고, 적대적인 상대로서의 타자에 대응하여 투쟁하게 되면 그때에 자유를 잃어버릴 위험이 있다. "여기에는 서로 부딪치는 두 초월이 있다. 서로를 인정하는 대신 각 자유는 다른 자유를 지배하려 한다"(884). "실제로 남성은 여성과 똑같이 육욕적이고 수동적이고 호르몬과 종의 희롱물이며 욕망의 불안한 노획물이다. 그리하여 육욕적인 쾌락의 열병에 빠질 때 여성은 정확히 남성과 똑같이 그것에 대해 동의하고 자유로운 재능의 소유자며 능동적 태도를 취한다. 그들은 각자가 육체가 되어버린 존재의 특이한 이중 의미를 각자 방식으로 수행한다. 서로 겨눈다고 믿는 투쟁들에서 각자가 자신의 치욕스런 부분을 파트너 내면에 투영해서 기획하기 때문에, 각자는 바로 자기 자신과 투쟁하는 것이다. 자신의 존재 조건들의 이중의 의미성을 추구하는 대신 각자는 모든 천박한 것을 다른 사람에게 전가하고, 명예의 가치들을 자기 편으로 끌어들이려고 시도한다"(895).

보브아르는 성 차이를 영원히 확정지으려는 성 투쟁 대신 "같은 품질의 두 객체들의 교환"(889)을 정립한다. 상호 인정의 관계는 상이성들을 균등하게 하지 않고 상이성들을 통일의 긍정적인 계기, 즉 말할 나위 없이 정복의 결과가 아니고 타자의 존재를 용인하는 결과인 통일의 긍정적인 계기로 파악하는 동등성의 개념을 전제한다. "양자가 서로를 주체로 인정하면서도 각자는 각각의 다른 사람에게 두 편 가운데 한쪽의 타자로 머문다"(899). 그 때문에 서로 연결하는 것으로서, 상이성을 동등성으로 통합하는 자로서의 간주관성은 타인의 자유를 희생하여 획득한 자유의 가능성을 열지 않고 동일한 권리를 갖는 초월로서의 타자를 존경하는, 즉 양측에 공동의 책무를 고려해서 본래의 자기 기획을 기획하고 실현하는 자유의 가능성을 연다. 보브아르는 타자의 타당성을 인정하는 이 성질 — 타자의 자유의 존엄성을 위해서 뿐 아니라 육체적인 것에 타고난 양편의 긴장감들에 대한 이해의 공감에서도 — 을 형제애로 표시하며, 이때 형제애는 인류애를 표현하는 같은 의미의 다른 단어다. "양성들에서는 육체와 정신, 유한성과 초월의 동일한 드라마가 상연된다. 양성들을 시간이 갉아먹고 그들을 죽음이 기다린다. 그들은 똑같은 정도로 본질적으로 서로 의존하고 있다. 양성들은 그들의 자유를 통해 똑같은 명예와 관계할 수 있다 : 만약 그들이 이 자유를 누리는 방법을 안다면, 그들은 기만적인 특권들을 쟁취하려는 욕망을 더 이상 갖지 않을 것이다. 그들은 언젠가 형제애에 도달하게 될 것이다"(896).

보브아르는 남성과 여성의 형제 공동체에 대한 그녀의 프로젝트가 유토피아적이라는 견해에 반론을 제시했다(같은 책). 실로 남성들의 사고의 전환 없이는 여성의 독립적 존재를 위해 필연적인 경제적인 변화들도 관철될 수 없고, 열등 의식의 극복을 위한 지속적인 훈련을 통해 여자아이에게 불이익을 주지 않는 교육 프로그램도 결코 성공할 수 없다는 것을 그녀는 인정한다. 그럼에도 불구하고 여성들이 "조만간 완전히 경제적이고 사회적인 동등성을 획득하게 될 것이고, 그런 사실은 여성들의 내적인 변화를 필연적으로 가져올 것"(앞의 책)임을 그녀는 확신한다. 보브아르가 교육과 관련하여 확언한 역설을 여성들이 이용함으로써, 여성들은 온 행동력을 발휘해서 물론 스스로 사고 전환의 과정에 참여할 수도 있다 : "여성에게 주는 경멸과 멸시의 평가절하와 어머니들을 대하는 존중심에 가득한 최고의 존경감이 서로 공존하는 데에서 비교할 수 없는 부정직성이 발견되는 역설을 이용할 수 있다. 모든 공공적인 활동을 허락하지 않는, 남성적인 캐리어를 폐쇄해버린 여성에게 모든 영역에서 여성을 무능력하다고 선언하면서도, 여성에게 가장 어렵고 가장 진지한 일 일반, 즉 하나의 인간을 형성하는 일을 맡기는 역설이야말로 벌을 받아 마땅하다"(663). 여기에서 여성은 인간의 다음 세대에 형제애적이고 더불어 사는, 결코 투쟁적 패러다임의 의무를 지지 않는 자기 이해를 매개하는 일에 진력함으로써, 여성은 자신의 적극적인 자유를 사용하는 본질적인 가능성을 가질 수도 있다.

4) 비판적인 이의들

보브아르의 논제 『제2의 성』이 출판된 이래로 40년 이상 충격이 지속되었다. 이것은 우리 시대의 빠른 변화와 관련하여 학문적 연구 결과가 너무 빨리 효용성을 상실하는 것과 비교해 볼 때 놀랄 만한 일이다. 그녀가 1986년에 사망했을 때 아직 이 작품의 명성은 자자했고, 가장 중요한 것은 이 작품이 두 종류 성별의 구성원들에게 미친 해방적인 성과였다.

그러나 비판적인 목소리들도 알려졌다. 무엇보다도 여성해방주의 진영으로부터 보브아르가 사르트르 입장을 이어받아 추진한 "실존주의적 인간 숭배"에 대한 항의가 일어났다.[3] 물론 인간의 실존적 완성을 초월로서 특징지음이 적합한가에 대한 의문은 당연하다. 그러나 초월 개념이 한 남성에게서 유래한다는 단순한 이유에서 그것을 거부하는 것은 비객관적이자 보브아르의 고유한 요점을 간과한 것이다. 그녀는 바로 자유에 관한 남성적인 해석의 오해를 적발하려 했고, 그것에 근거한 행위의 전형들을 일면적이고 부당한 보편화로서 폭로하려 했다. 그리하여 성 차이를 무시하지 않고, 인간학적인 출발점으로서의 자유에서 그녀의 사상의 발단은 모든 인간의 성적인 그리고 개별적인 특수성을 고려하지 않는, 모든 인간에게 적용이 가능한 공통적인 입장을 표현하려는 시도이고, 이 입장에서 사

---

3) 예를 들면, B. M. Janssen-Jurreit : 『성 차별』, Frankfurt a.M. 1979, 378.

실적인 것의 평가와 관련해서 기준의 기능이 부여되는 보편의 인간적인 것에 대한 진술들이 형성될 수 있다.

다른 여성 저자들은 어떻게 보브아르의 발단이 더 발전될 수 있는가에 대한 제안들을 제시하였다. 모니크 위티그(Monique Wittig)는 문화적으로 각인된 성(영어 : gender)의 이등분, 성 정체성의 차이뿐 아니라 자연적인 성별(sex)의 양분된 성, 따라서 자연적인 성별의 차이를 이분법의 사회 체계의 틀 안에서 정치적인 정립의 산물로 생각함으로써, 그녀는 보브아르의 발단을 가장 진전시켰다. "성별(sex) … 은 '직접적으로 주어져 있는 것', 감각적으로 현존하는 것으로서 자연 질서에 속하는 '신체적 징표들'의 복합으로서 파악된다. 그러나 우리가 신체적인 지각이나 직접적인 지각으로 생각하는 것은 신체적인 소여성들(그러한 소여성들 자체는 다른 것들처럼 중립적이라고 하지만 사회 시스템을 통해 표시된다)을 재해석한, 더구나 그것들이 지각되는 관계의 망을 이용해서 재해석한, 오직 머릿속에서 고안해낸 그리고 가공의 이미지적인 형성들일 뿐이다."[4]

따라서 자연적 성별의 차이는 자연적으로 주어진 것은 하나도 없고, 신체 규정들에 따라 자연의 성별 성을 구성하는 징표들이 모든 생산의 관점에서 선택되는 신체 규정, 즉 남성들에 의해 강요된 신체 규정의 규범적인 지평에서 해석된다고 위티그는 주장한다. "우리는 신체적으로나 정신적으로 지체 없이 우리에게 확정되었던 … 자연 관념에 일치시키는 것을 강요받고 있다. 우리가 우리 자신 혹은 다른 사람들을 '남성들'이나

---

4) 위티그 : 「여성으로 태어난 것이 아니다」, 『페미니즘 이슈들』(1, 2) : 48.

'여성들'로 경험하는 것은 정치적인 범주들이지 자연적인 사실들은 결코 아니다."[5] 정치적인 가정으로서 자연 성별은 위티그가 그녀의 책『여성 동성 연애자의 신체』에서 상술했듯이 제거되어야 한다.[6] 이분법의 사회 대신 성이 없는 사회가 들어서야 하며, 그런 사회의 '동성애'적인 규범들은 성에 특정적이 아니고 그런 한에서 그 규범들은 하나의 보편적인 인간의 책무성을 갖는다.

버틀러(Butler)는 보브아르의 발단을 위티그가 극단화한 데 대해 반론을 제기했다. "우리들은 성 차이를 항상 주목하고 그래서 성 차이는 직접적으로 주어진 경험으로 생각되기 때문에", 위티그의 논증은 그녀에게 "반직관적인 것으로" 생각된다는 반론을 제기했다.[7] 그러나 버틀러는 "보브아르의 이론이 감행한 양성분리주의적 사회 시스템에 대한 공격은 … 동시에 성적인 차이를 원인 규명 불가로 생각하는, 특히 이분법적 적대의 면에서 여성의 측면을 표현하는 것을 도우려는 여성옹호주의적 입장들에 대한 하나의 공격"임을 인정한다.[8] 물론 성의 정의가 자연적인 성의 문화적인 해석, 따라서 신체가 성적인 의미들의 문화적인 장소로 파악될 수 있는 인식과 관련해서 버틀러에게 제기된 문제점은 "이 신체의 어떠한 관점들이 자연적

---

5) 앞의 책, 47.

6) Paris 1973 : 독일어 번역 :『사포(Sappho), 당신의 수천의 눈으로부터』, Berlin 1977.

7) 버틀러 :「섹스와 성 테마에 대한 변화들」,『여성의 도덕 — 성 전형적인 윤리학에 대한 논점』, 편집인 : 눈너-빈클러(G. Nunner-Winkler), Frankfurt / New York 1991, 56-76 : 인용 65.

8) 앞의 책, 71.

이고 혹은 문화적인 각인들로부터 자유로운가라는 질문에서 구체화된다. 다음과 같이 첨예화될 수 있다 : 신체의 문화적인 해석에 선행하는 신체를 우리는 어떻게 발견할 수 있는가? 성이 선택의 구현이고 신체적인 것의 문화적 동화라면 거기에 아직도 무엇이 자연의 것으로 남아 있는가? 순수한 생물학적인 성은 어떻게 되는가?"9) 자유로운 자기 선택을 통해, 초월로서 기획을 통해 그때그때에 자연적인 신체를 뛰어넘어서 문화동화적인 신체로의 넘어서는 일이 이루어진다면, 성의 정체성을 획득하기 위한 모든 노력은 "문화의 역사를 말하자면 자신의 몸에서 새로 다시 시작하는" 과제로 집중된다. 따라서 성을 선택하는 것은 "주어진 성의 규범들을 해석하고, 그것들을 재생산하며, 새롭게 조직한다는 것"을 의미한다.10) 남성의 성 정체성은 전통적으로 비신체적인 지성으로서 자아 정립을 중개로 해서 만들어진 반면, 남성 자신을 위해서 남성에 의해 억압되고 부정된 신체는 여성에 투영시켰다. 그 결과 여성의 성 정체성은 일반적으로 신체의 영역과 동일시하는 것을 통해 규정되었다.11) 남성과 여성의 성 규정들이 그 규정들의 본질적인 것들, 바로 해석들, 정립들, 자기 투영들로 통찰된 다음에 "성이 어떠한 방식으로 성(=자연적인 성)과 관계되어야만 하는가? 혹은 위티그가 주장한 대로 이 결합 자체가 벌써 문화적인 하나의 관습인가?"12) 하는 문제는 버틀러에게 분명하지 않다. 그러

---

9) 앞의 책. 57.

10) 앞의 책, 61.

11) 앞의 책, 62 이하.

12) 앞의 책, 64.

면 어쨌든 본질적으로 여성적인 것은 모든 생물학화와 타규정을 뛰어넘어 무엇을 본질로 하는가?

2. "하나가 아닌 성"(뤼스 이리가레이)

보브아르의 연구가 수정처럼 투명한 문체를 통한 명료함이라면, 여성심리분석가 이리가레이의 연구들은 세트 식으로 서로 짜여 있는 라캉(Jacques Lacan)의 심리분석적인 성향과 고전 철학적 주제들의 포스트모던적인 결합을 통해 나타난다. 특히 이리가레이가 지배적인 담론에 반대하고 지배적 담론 내내 특유의 여성적인 담론을 정착시키려는 노력으로 고도의 상상력에 대한 강도 높은 요구를 하는 비유들과 신화들, 영상들을 펼쳐놓기 때문에 그런 결합은 그녀의 텍스트의 독서를 어렵게 한다.

그녀의 연구 방법에서 이리가레이는 '남성적인 주관'이 자신을 대표하는 시스템들에서 "성들의 차이를 지워버리기 … 위해 철학 텍스트들을 다시 파헤치려 한다. 새롭게 해석하고 있는 이 텍스트들에서 연구 방식은 항상 정신분석적 방법이고, 따라서 모든 철학, 그리고 아마도 일반적으로 철학의 무의식적인 것의 역할 방식에 관심을 집중시킨다"(GnE, 76 이하).[13] 이러

---

13) 이리가레이의 책은 다음과 같이 인용된다. Gne=『하나가 아닌 성』, Berlin 1979 : Sp=『검시경 — 다른 성의 거울』, Frankfurt a.M. 1980 : Esd=『성 차이의 윤리학』, Frankfurt a.M. 1991 : GG=『성의 계보학』, Freiburg 1989 : ZD=『차이의 시대 — 평화로운 혁명을 위해서』, Frankfurt a.M. / New York 1991.

한 텍스트 분석의 직접적인 예는 플라톤의 동굴의 비유에 대한 이리가레이의 해석이다.14) 동굴의 비유에서 그녀는 바로 동굴과 여성의 성 기관과의 놀랄 만한 유사성을 제시한다. 그녀는 산부인과 의사의 진찰 도구인 검시경을 철학자의 형이상학적인 시각과 관련시키고, 철학자의 검시경은 질, 처녀막과 자궁을 우주의 형이상학적 모델로 바꾼다. 그런 모델에서 산파 소크라테스는 자신의 제자를 분만하는 산파술을 발휘한다.

이리가레이의 주요 관심은 그녀의 작품 중 하나인 독일어 책명 『하나가 아닌 성』에서 아주 잘 표현된다. 이 논제는 여러 가지의 함의들을 지닌다. 첫째로 이 논제는 숫자적인 의미에서 하나의 성이 아니라 두 성들이 존재한다는 것이다. "자연은 … 항상 성적으로 분화되어 있다"(GG, 171). "성적인 분열은 생명체의 근원적인 특징이다"(GG, 292).

둘째로 여성과 관련된 『하나가 아닌 성』의 진술에서 이리가레이는 여성이 남성처럼 오직 하나의 성 부분을 갖지 않고 둘의 성 부분을 갖는다는 것을 여러 번 지적하고 있다. 서로 접촉하고 있는 두 음순의 상은 적대적이 아닌 이원성의 상징으로 그녀의 전 작품을 일관한다. "여성에게, 한 여성에게 둘은 하나와 하나로 나누어지지 않는다. 관계들은 통일의 완전한 분리를 제외한다"(Sp, 294). "여성의 외음부는 끊임없이 서로 바싹 달라붙어 접촉하는 두 음순으로 되어 있기 때문에, 여성은 항상 서로 접촉한다. … 그러므로 여성은 서로 접촉하고 있는, 그러나 서로 분리될 수 없는 자기 자체 안에서 항상 둘이다"(GnE,

---

14) 「플라톤의 자궁」, Sp 301-464 참조.

23). "결코 둘로 나누어진 대립들이 아닌 … 두 음순으로 이루어진 성기의 입구이고, 더욱이 십자형 각목들의 만남처럼, 양편 사이에서 일어나는 교차의 전형처럼 서로 마주치는 음순으로 이루어진 성기의 입구다. 입의 입술과 성의 음순은 같은 방향을 갖고 있지 않다. 그것들은 어느 정도 기대하는 방향과는 엇갈리게 배치되어 있다 : '아래쪽' 방향으로 있는 음순은 '수직'적이다"(Esd, 27).

마지막 세 번째로 『하나가 아닌 성』의 어법에서 또한 불일치 의미에서 '하나가 아닌' 것이 파악되며, 이 경우 성들의 서로의 전통적 관계가 페미니즘 여성학자들의 시각에서 거론된다. 그녀들은 이리가레이처럼 부권적 사회가 자연의 양성적인 성들을 하나의 성, 즉 남성의 성으로 환원시켜버렸고, 동시에 그러한 사회는 유(genre) 의미의 성과 성별(sex) 의미의 성 사이에 차별을 끌어들였다고 비난한다. "성별 성은 유의 성과 혼동된다. 그 때문에 성별 성은 인간의 성으로서 인간 본성 등으로 정의된다." 수세기 이래로 남성이라는 패거리들은 인간의 성을 남성의 성이 갖는 파토스와 혼동한다. … 실로 두 성을 인정하는 대신 그리고 하나의 성을 근거로 한 다른 성에 관한 인식 ─ 즉자대자적인 인식 ─ 을 수용하는 대신, 남성의 패거리들은 전체적 진리의 독점을 주장한다"(GG, 21, 182 이하).

1) 남성의 성 담론

"여성성"에 관한 프로이트와의 반어적일 뿐 아니라 객관적인 논쟁에서 이리가레이는 여성에 대한 전형적인 남성 시각을 논점화한다. 프로이트에 따르면, 원래 양성의 여자아이는 결코 남자 성기를 가지고 있지 않다는 경험을 통해 소녀로 발달된다. 여자아이는 자신이 결코 남근을 갖고 있지 않다는 것과 이 남근의 발육 부진에 의거하여 손해를 입게 된 꼬마 남자라는 것을 반드시 깨닫는다. "남성에서 남성을 대표하는 가능성을 뺀 남성=정상적인 여성"(Sp, 30)이란 등식이 성립한다. "여성의 본질이 오직 여성의 성의 기능을 통해 규정된다는 점에서 우리는 여성을 기술했다"고 프로이트가 결론에서 인용한다 할지라도, 진짜 남성적 특징의 모든 것을 결여한 거세된 남성으로서의 여성의 열등 가치는 프로이트의 분석에서 그냥 간과해버릴 수 없는 것으로 암시된다. 그러나 그는 계속하여 언급한다 : "이 영향은 물론 매우 넓다. 그러나 우리는 그 밖의 개별적인 여성이 또한 인간적인 존재일 수 있다는 것을 주목한다"(Sp, 165).

소녀와 여성들이 자기 자신으로부터 자신을 규정하지 않고, 다시 말해 그녀들의 고유한 신체 경험을 근거로 하여 자신을 남성성을 부정하는 틀로 규정하지 않고, (남성적인) 성 기관의 결여 때문에 여성의 성이 없는 것으로 규정하는 것, 즉 결여된 존재로 규정하는 것을 허락하는 일은 "(소위 말하는) 남성적인 성 특징의 가시적인 변수들의 결정"(Sp, 59)이라는 것을 밝히는 일이 이리가레이에게 중요하다. 요컨대 성적인 것의 규범으로서 가시적인 생식기들만을 기초로 전제하면 여성은 성별의 관점에서 "전체의 무"로 나타난다. "여성은 정의될 수 없는 것, 헤아릴 수 없는 것, 명료하게 표현될 수 없는 것, 형식화할 수 없는 것의 증거가 된다. 여성은 정체성에 관련하여 규정될 수 없는 불확실한 이름이다"(Sp, 282, 285). 여성은 성의 존재로서 남성적인 시각의 소외가 없이 즉자대자적으로 있는 것의 모든 긍정적인 규정이 결여되어 있는 데서 여성은 무, 순전한 공허로 환원된다. "일자, 즉 남근적인 것과 관련해서" 여성은 오로지 아직도 "구멍"으로서의 기능을 발휘한다(Sp, 287).

여성의 주제화는 오직 남성이 담론 주체가 되어 있는 남성 대표의 체계들을 매개로 해서 이루어지기 때문에, 학문적인 언어 못지않게 일상적인 언어에서도 여성은 여성 자체로 존재하지 않는다. 이 주체는 "그가 보편적이거나 중립적인 것, 즉 인간이라고 주장할지라도 자신을 항상 남성적으로 규정하기 때문에"(EsD, 12 이하), 여성은 언어에서 어떤 독립적인 성질을 지니고 있지 않은 오직 비남성적인 객체로 나타난다. 하나의 "로고스주의"로 귀결되는 이 "남근중심주의"는 오직 자기 경험의 보편적인 것을 정당하지 못한 방식으로 보편화하고, 보편적인 인간 규범으로 삼는 한 그 여파가 심대하다. 이때 "남성의 중립성이 중요하지 절대적인 중립성은 중요하지 않다"(GG, 188)는 것을 이리가레이는 명백히 한다. 소위 이 절대적인 중립성의 구실로 인간의 로고스가 단순히 정립되고, 이 로고스가 여성을 "거세된 것으로, 무엇보다도 언어가 없는 것으로 정의하고", 여성이 지배 이데올로기의 이익에서 여성 자신을 더럽히는 경우만 허락하고 그 밖의 모든 과제들로부터 여성을 차단해버린다"(Sp, 180).

남성들의 가장 위대한 자기 이해성을 가지고 그들에 의해 요구된 이 "성 중립성의 정신 상태"(GG, 151)는 어디로부터 오는 가를 이리가레이는 자문한다. 그것의 뿌리는 종교적인 성격을 띠고 있는, 육체도 없고 성도 없는 성령의 통일, 그 능가될 수 없는 일원성에 대한 청교도적인 신앙이라고 그녀는 추측한다. 프로이트에 대한 그녀의 연구 검토에서 그녀는 어떠한 종류의 차이도 결코 참을 수 없는, 자기동일성을 요청하는 테러로 수반하는 "동일성, 등가성, 유사성, 동질성, 대칭, 비교, 모방에 관한" 남성의 "꿈"(Sp, 31)을 질책한다. 따라서 다양한 모든 것과 차이가 있는 모든 것, 특히 성별적인 차이는 대립이 없는 것으로 표명되지만, 그러나 실제로는 동일한 것의 척도로서 남성을 기준으로 하는, 자체의 대립이 없는 그런 일원성과 동일성으로 환원된다. 그것에 따라 프로이트는 여자아이들의 발달을 오직 남자아이들의 발달 주기, 즉 "남근 이성에 복종하는 지속성" (Sp, 24)의 발달 주기를 기준으로 해서 표상할 수 있다. 남성이 갖고 있지 않는 것, 예를 들면 자궁에 대한 남성들의 "질투"는 왜 분석되지 않는가를 이리가레이는 도전적으로 질문한다. 모든 남성들의 개인은 오직 하나의 성을 갖추고 있고 그 결과 각각 다른 성의 결여가 결핍으로 느껴지는 것은 어찌하여 자연의 불이익으로서 파악되지 않는가?(Sp, 63) 이 경우에 적어도 보편적 인간 규범으로서의 남근적인 규범은 부당하게 차지한 규범이며, "참다운" 규범은 본래 양성의 규범이 틀림없다는 사실이 위 경우에서 적어도 인식될 수 있다.

남성 담론 결과들은 그러나 이리가레이가 철학적인 담론에서 밝힌 바와 같이 여성들에게 뿐 아니라 남성들 자신에게도 비인간적이다. 보편적인 것의 수호자로서 철학자들은 동일성의 원리를 절대화함으로써 감성 원리의 가치를 평가 절하했다. 로고스의 정립과 함께 남성들은 통일에 관한 그들의 이해를 순수한 정신적인 것에 투영했고, "감성적인 것을 이어주는 교량들을 끊어버린" 초월적인 것에 투영했다. "주관성이 갖는 파괴성은 참지식과 이 지식이 창립한 권력의 구조들을 통해 미리 계획되어 있다"(EsD, 23, 148). 이리가레이가 "성 차이의 윤리학"에서 아리스토텔레스와 스피노자의 텍스트들을 근거로 하여 설명하려 했듯이, 실로 초월적인 상들 안에서 억압된 성들은 다양하게 승화된 방식으로 되풀이되어 나타난다.[15] 그러나 그것은 로고스와 로고스의 일원성을 부여하는 로고스의 역할에 찬성하는 결정을 함으로써 특정의 논리학, 즉 동일성의 논리학이 선택되는 결과를 초래한 것에 어떤 변화도 주지 못한다. 동일성의 논리학은 구성원 중의 한 사람이 다른 사람에게 추상적으로 희생당하지 않고, 구체적인 상호 관계가 존재하는 것을 결과로 가져오는 경험의 영역으로 스며드는 대신, 그리고 차이가 있는 것을 서로에 대한 관계로 정립하는 대신에 경험의 영역으로부터 자신을 퇴거했다. 모든 차이성을 열등 가치로서 오직 본질적인 것으로 주장되는 것의 영역으로부터 제외시키는 동일성 원리의 가혹한 정립은 자연과 정신의 실제적인 분열을 체계적으로 초래했다.

남성의 담론에서 성들의 실제적인 차이성을 고려하여 모든 특수한 것과 개별적인 것을 하나의 추상적으로 보편적인 것으

---

15) EsD, 46-70, 101-114 참조.

로 환원하는 데서 이중성이 밝혀진다 : 처음에는 일원성을 위해 여성의 어떤 고유한 성은 승인되지 않는다. 여성은 남성의 결점 형식으로서 정의된다. 다음으로는 자칭 중립성을 위해 또한 고유한 남성성이 부정되고 그 결과 모든 신체적인 것에서 총체적으로 독립적인 가치가 박탈되어버린다. "그들은 의식의 대자성(對自性)을 여성에게서 제거해버린 후 … 남성들의 무리는 감성적인 것의 즉자(卽自)를, 그리고 감성적인 것의 즉자대자로의 생성을 파괴한다"(GG, 181).

"남성에 의해 완성되는 다른 성과 자신의 본래 성의 그림자를 자기 자신 속에다 유폐"(GG, 182)시키는 것으로서 자기 자신의 탈남성화, 심지어 자기 자신의 탈인간화와 견줄 만하는 모욕, 즉 감성을 인정하지 않는 파괴적인 그런 모욕에서 이리가레이는 생명체에 군림하는 기술의 개선 행렬의 가능한 근거를 본다. "아마도 이 무기력이 남성을 기술의 손아귀에 내맡겨버렸는가? 그것은 가능하다. 남성은 성이나 섹스에서 활력이 없기 때문에 그는 어쩌면 기계가 되었는가? 그것은 가능하다. 우리 시대는 그것을 증명한 것처럼 보인다. 우리 시대는 어쩌면 문화의 몰락과 그 원천의 유래를 추적하는 일이 필연적이 될 정도의 상황에 처해 있다. 한 성이 타성의 뿌리들을 장악하고 그리하여 뿌리들의 기식자되던 때 … 한 성이 자신의 뿌리들을 잃고 가사적인 것으로 자신의 성장을 확신하는 일 없이 자신을 불사적인 그리고 정신적인 성으로 자신을 위안할 때, 그때가 우리 문화의 몰락의 날로 되어 있는 것처럼 보인다"(GG, 196).

2) 여성의 성 담론

이리가레이는 여성의 자기 이해를 성 차이의 기준으로 끌어올림으로써, 그녀는 단지 역으로 뒤바뀐 부호를 가진 남성의 결점을 되풀이해서 밝히고 싶어하지 않는다. 왜냐하면 원칙적으로 "하나의 성과 그것의 결함, 그것의 탈락, 그것의 부정은 결코 두 성이 되지 못하기 때문이다"(GnE, 165). 남근중심주의를 질중심주의 혹은 자궁중심주의로 대체하는 것은 잘못 이해된 동일성 원리의 의미에서 또다시 일면적으로 되어버리고 하나의 전체의 절반인 어떤 것을 그 절반에 대한 정당한 처리의 권한도 없이 인간의 전체적인 것으로서 온당하지 않게 정립해 버릴 것이다. 이리가레이에 따르면, "자기가 어떤 사람에게 자신을 같게 하고 두 사람이 서로 같지 않다면, 또한 자기가 자신을 분열의 자기 자신에게 같게 하고 타자를 무시한다면, 그때의 모든 행위는 … 죄가 된다(GG, 185). 남성 담론과는 반대로 이리가레이가 중점을 두는 것은 남성 담론의 논리학을 통해 배제된 감성이다. 신체적 자기 감정을 갖고 있지 않는 정신의 모든 구조들은 이리가레이에게 공허하고 충만하지 못한 것으로 되어버리기 때문에, 동등한 지성적인 능력들의 인정을 획득하기 위해 투쟁하는 많은 여성학자들이 매우 짜증을 낼 정도로 이리가레이는 신체적 자기 감정을 항상 새롭게 요구한다. 쾌락, 질(끈적끈적한 피부로 덮여 있는 살아 있는 살의 은밀성이 특징인)과 같은 개념들을 이리가레이가 그녀의 성찰에서 여성 성 담론의 본질적인 구성 요소로 끌어들이고 그 의미를 암시한다.

이때 생물학적인 성에서 발원한 여성의 욕구를 타당하게 하기 위해 여성을 생물학적인 성으로 환원하는 일은 이리가레이에게는 직접적으로 중요하지 않다. 오히려 그녀에게 중요한 것은 그 자체로 처리할 수 없는 성들의 차이에도 불구하고 하나의 공동 토대, 즉 처음부터 투쟁의 신호 아래 있지 않는 만남의 장소를 발견하는 일이다. "왜냐하면 성은 생리학적, 생물학적인 용건들만이 아니고 사적인 삶의 문제만도 아니며, 동물적인 행동 방식이나 식물적인 번식 문제만도 아니기 때문이다. 성은 '인간의 성을' 내내 관류하는 중지될 수 없는 분화를 나타낸다. 성은 나와 너의 표현 형식이 갖는, 나와 너의 입장이 대체될 수 없는 장소를 표현한다"(GG, 264).

그러나 여성의 성이 하나의 독립적인 범주이고 남성 성의 부수적인, 단순히 박탈을 통해 규정된 범주가 아니라는 것을 밝히기 위해 이리가레이는 여성이 성 기관을 매개로 해서 느끼는 (비교! Sp, 33 이하 : GnE, 22 이하) 쾌감의 묘사를 부끄러워하지 않는다. 이 묘사들은 "출생 이전의 밤과 사랑의 비밀 속에 … 점액질의 내적인 지각 분석을 통해 보완된다. 여성의 사유 혹은 여성적인 것으로서의 사유는 점액질을 생각하지 않으면 안 된다. 점액질을 포함시키지 않고서 전통적인 부권적 구조들에 불복하는 성 차이의 사유를 발달시키는 것은 불가능하다" (EsD, 131).

부동의 존재와 영원한 현존을 목표로 하는 남성 동일성의 논리학 개념들과는 반대 개념으로 이리가레이는 점액질의 범주를 사용한다. 이 동일성의 논리학이 갖는 생명체를 살인하는 도구화된 의도를 그녀는 거울의 상에서 확인한다. "말하자면 끈끈한 것과 살아 있는 숨구멍이 나 있는 피부와 반대로, 그리고 유연한 구별들과 일치 가능성들과는 반대로 거울은 너무나 냉담하고 논쟁적인 거리를 취하는 무기다"(GG, 108). 추상적인 사유를 대표하는 거울은 모든 비(非)일자를 자신에게 복종하도록 가혹하게 강요하는 일자에 헌신하고 있다. 감각적인 것을 외면한 자기동일성의 로고스에 대해 그녀는 "동일자의 타자"(GnE, 104)로서 표시하는 하나의 개념을 대립시킨다. "우리는 그들에게16) 일자 즉 일자의, 또한 태양을 소유하는 특권, 지배, 유아독존주의를 위임한다. 그 결과 그것들의 짝의 놀랄 만한 분할이 있고 이곳에서는 타자가 일자의 모상으로 굳어져 있다. 우리 삶의 운동을 고갈시키는 것은 오직 모상이며 …, 우리를 피곤하게 하는 이중 작업이다." '이중'으로 존재하기 위해 우리는 거울의 두 번째 얼굴을 만들 필요가 없다. 우리를 되풀이, 즉 두 번을 만들 필요는 없다. 그렇게 되면 모든 전형적인 특징을 대표하기에 앞서 우리는 둘이다"(GnE, 213, 223).

이리가레이의 해석에 따르면, 성의 차이는 하나의 전체가 그 자체로 보면 어떠한 값을 치르고라도 반드시 종합해야 하는, 불완전한 두 절반들로 분열되어 있는 것 같은 그런 분열 형식으로 파악될 수 없다. 성 담론의 전체적인 맥락에서 통일 문제가 중요한 역할을 하는 것에 대해 이리가레이는 논박하지 않고, 성 차이가 그 자체의 어떤 의미 있는 것으로 인정된 다음에야

---

16) 철학자들, 특히 플라톤(비유들, 특별히 태양의 비유[대화편 『국가론』 제6권 끝, 508a 이하])을 염두에 둔다.

통일에 관해 비로소 말할 수 있음을 그녀는 완강하게 주장한다. "하나가 되기 위해 맨 먼저 우리가 둘인 것은 필연적이지 않은가?"(GG, 279) 양성과 동시에 성의 차이성에 대한 되풀이된 강조는 인간 종에 속하는 양편 중의 각각의 편이 그 자체로 하나의 전체를 형성하고 있다는 것을 명료하게 해야 한다. 그 결과 통일에 관한 모든 표상들은 서로에 대한 동등한 신분으로서, 서로 평등한 권리를 갖는 개인의 두 유형들이 서로에 대해 견해를 갖고 있는 데서 출발하지 않으면 안 된다.

여성적인 성의 성원들은 진정한 동반자의 기획을 발달시킬 수 있기 전에, 그녀들은 남성의 성 동료들과 비교해서 많은 것을 만회해야 한다. "개인성과 공동체성"을 갖춘 본질적인 여성이 되기 위해 여성들은 그녀들의 망명지를 무엇보다도 먼저 떠나 "여성들이 되지 않으면 안 된다(GG, 101, 192). 무주소성을 극복하고 "여성의 주소"(GnE, 80)를 다시 찾는 것이 긴요하다. 이 장소는 남성의 성 존재론 분야에서도 발견되지 않고, 그런 존재론의 단순한 대립 구조들에서도 발견되지 않는다. "성적인 것은 재생과 번식에 대한, ─ 더 일반적으로 ─ 생명에 대한 관계를 도외시하면 지각, 즉 고유한 상상적인 창조와 관련되어 있다"(GG, 257). "주체적이고 성적으로 규정된 정체성"(GG, 241)의 사유에서만 하나의 새로운 여성의 자기 관계를 구축하는 것이 이루어질 수 있다. 그런 자기 관계에서 여성은 여성 자체로 있는 것을 인식하고 다른 성을 위해 있는 것, 즉 가치가 모성을 근거로 해서 측정되는 물건, 소유, 상품에 더 이상 자아 성취를 찾지 못한다.

이리가레이는 그녀의 저서 여기저기에서 바람직한 여성의 자기 이해의 세 가지 형식들을 서술한다. 그것들과 관련해서 이 세 형식들은 액면 그대로 "우리들 인간의 정체성의 억압과 훼손 없이"(ZD, 12) 표상될 수 있다는 사실이 인용될 수 있다. 첫째 형식을 그녀는 "처녀들의 자율적 정체성"을 의미하는 "처녀성"으로 표시한다. "여성 정체성의 이 부분은 젊은 처녀에게 사회적 신분을 부여하고, 처녀가 권리를 원하는 한 그녀의 처녀성을 지키는 (또한 신적인 것과의 자신의 고유한 관계에서) 권한을 부여하고 가정 안에서나 밖에서나 그녀를 침해한 모든 사람에 대해 소송을 제기하는 권리를 부여한다"(ZD, 87). 따라서 처녀성은 처녀들과 부인들의 신체적이고 도덕적인 통합성을 이룬 자기 소유의 한 형식으로서 자신의 몸에 대한 자기 처리의 권리를 의미한다.

둘째 형식으로서 이리가레이는 딸과 어머니의 관계로 들어간다. 이 관계가 동시에 다른 성과의 관계를 위한 선로를 놓기 때문에 이 관계는 그녀에게 여성의 정체성을 위해 특별한 중대성을 갖고 있는 것처럼 보인다. "같은 성에 대한 사랑 없이는 타성에 대한 사랑은 결코 없다"(EsD, 125). 딸은 어머니의 자리와 역할을 획득하기 위해 어머니와 경쟁하기 때문에, 실제로 어머니에 대한 딸의 사랑은 일반적으로 반대 감정의 양립일 것이다. 그러므로 여성들 사이의 사랑은 전통적 방식으로 경쟁성, 실제의 어머니에 대한, 어머니의 전형적인 전권에 대한 경쟁성, 남성의 욕망, 즉 아버지, 아들, 형제의 욕망에 대한 경쟁과 관련시키고 있다. "여성들 사이에는 하나의 갈등 흔적들이 있다. 결코 너와 함께는 존재하지 않는다"(EsD, 123, 125). 이리가레이에 따르면, 딸과 어머니 관계는 성숙에 도달하기 어렵고, 남성들에게서 항상 너무 빠른 발기와 동일시되는 "수직적 차원"이 결여되어 있다(EsD, 130). 또한 수평적 차원에서 여성들은 자신들을 위한 하나의 세계를 구상하기 위해 서로 자매같이 연결하여 하나의 연대 공동체를 만든다. 여성을 위한 기획된 세계에서 여성들은 소유, 법들, 권리들과 의무들의 이름, 즉 다른 성의 왕국의 이름에서 집과 아이들을 보호하는 여성들로서 오직 다른 성의 발기를 위한 경작지를 마련하지 않는다 — 딸과 어머니가 남성 규범들과 가치들로 채워진 부권적인 경작지를 가지고 다투지 않고, 상호 일치에서 자신의 가치들을 확립하고, 경작지를 새롭게 경작한다는 의미에서 여성 존재의 그런 수평성은 수직성을 필요로 한다. 딸과 어머니들이 정신(수직성)과 육체(수평성)의 통일을, 정신적인 것이 육체적인 것을 탈취하지 않고 정신적인 것을 정신에게 주는 그러한 하나의 총체적인, 이원론적이 아닌 통일을 정립하는 한, 어머니와 딸이 기운을 다시 얻은 운동을 통해 인간 상호간의 모든 관계들에서 비억압적인 관계들의 모범으로 이용하는 하나의 여성계보학이 성립한다. 동시에 자기 경험에서 산출하는 창조적인 여성 이미지들을 획득하기 위해 남근 중심적이고 남성들의 제한적인 연명에 인간적인 것의 차원을 확대하는 여성들의 동명이 모범을 보여야 한다.

이리가레이에 따르면, 세 번째로 하나의 종교성이 여성 존재의 규범적(수직적)인 차원을 되찾는 일과 관련되어 있다. 따라서 그녀는 단연코 우리에 대해 절대적인 신으로서 "여성 신"(GG, 111, 105)을 요구하고, 다시 말해 반대되는 확신에도 불구하고 아직도 죽지 않고 있는 남성적인 "남근 신"(GG, 45)과는 구별되는 "신의 성질들과 객어들이 되었던 여성적인 것들"(GG, 119)을 제시하는 하나의 신을 요구한다. 원죄에 관한 기독교의 설을 이리가레이는 성 차이의 상실의 결과로서 설명한다. 더욱이 아담과 이브보다도 특히 마리아와 요셉을 통한 성의 상실을 설명한다. "성적인 차이와 그것의 수태성의 상징성은 상실되었다. 성령에 일치해서 두 사람의 공동 작업으로 수태하는 것은 그들에게 성공하지 못했기 때문에, 남성과 여성은 그들의 신성을 상실했고 그들의 인간으로서의 존재 성취를 그르쳤다"(GG, 166). 이 해석에 따르면, 원죄는 순수한 정신적인 인식 분야로의 진출에 좌절된 감성의 배반이다. 추상적인 이념을 위해 육체의 행복을 단념해야 한다고 믿음으로써 인간은 천국에서 추방당한다.

또한 여성적인 특징들을 가져야 하는 새로운 신은 이리가레이에 의해 "감각의 영성", "피와 살의 부활 혹은 피와 살의 신성성으로"(EsD, 153) 묘사된다. 이때 이 신의 새로운 표상은 이 신이 감각적인 방식으로 접촉하고 그것과 함께 일어나는 "저 자궁 안 질의 그런 접촉 중에 일어나는 흡수력에 대한 평형의 힘으로서의" "촉각적인 행복"을 제공하는 것에 있다 : "나를 감싸고 나의 주위를 에워싸는, 나를 진정시키는 … 나를 몸으로 사랑하고 성적으로 사랑하는 하나의 신이다"(EsD, 190 이하). 신성적인 초월로의 통로를 여는 것은 다른 것이 아니고 바로 살이라고 생각하는 한, 점액질의 특성들을 근거로 해서 그것의 접촉을 통해 살을 외면한 냉담한 신의 초감성적인 것, 즉 불변적이고 고정된 진리의 신의 감성 외면을 막아주는 것은 바로 점액질인 한, 이리가레이는 신의 체현을 실제로 살이 됨과 관계하는 하나의 사건으로 파악한다. 그것은 고정된 그 신 대신 신의 새로운 현현, 다른 재림에서 신의 귀환 혹은 신의 도착을 요구하게 될 것이다"(GG, 132).

3) 새로운 통일 : 쌍

남근적인 모델에 사로잡히지 않는 여성의 성 정체성을 규범적으로 포함한 것들로서 처녀성, 수직성, 종교성이 새롭게 규정된 후, 이리가레이는 자신에 의해 지양될 수 없는 것으로 확정된 성 차이의 토대에서 그리고 그때그때 다른 담론의 배경에 직면해서 성들의 관계를 어떻게 이해해야 하는가의 물음을 제기한다. 그녀는 남성들과 여성들 사이의 대화의 어려움을 인정한다. 그 어려움은 양성들의 특수성이 독립적이고 환원될 수 없는 말의 두 표현법들을 요구하는 통찰을 차단해버린 옛날, 특히 헤겔 논리학의 메커니즘이 남성들의 측면에 여전히 영향을 주고 있다는 사실에서 초래된다. 그리고 여성의 편에서는 억압적인 상투어들이 여성적인 자기 경험에 적합한 표현 방법의 형성을 방해할 정도로, 그것들이 아직도 여성들의 뇌리에 새겨져 있는 데서 어려움이 초래된다. "이상하게도 문화가 그것을 원했고, 그 결과 남성은 자신에게 시각과 자기 반영(자기 도취)을 자기 몫으로 하고, 그리고 여성에게는 듣는 것과 메아리를 넘겨주었다." "남성은 여성에게 삶의 집을 지키라고 명령한 반면, 남성은 자기 아버지들과 자기 형제들과 대화하고 하나의 세계를 설계한다"(GG, ·258, 195).

이리가레이는 "쌍의 윤리학"(비교! GG, 210, 217)을 주장하고 있는데, 이 윤리학은 남성들과 여성들의 서로 모순된 담론에 대비한 하나의 공동 광장을 발견하는 일이 이루어지지 않는 한 아직 도래하지 않는다. 그 공동 광장에서는 양성들을 포괄하는 보편의 인간적인 것은 오직 추상적-비감각적 정신의 구조를 우대하는 남성의 자기 이해의 위선적인 보편화를 통해 달성된 중립성으로 결코 생각될 수 없다. 오히려 "모든 성, 모든 신체, 모든 몸이 함께 사는 것을 허락한 한 장소를 확정하는 것"(EsD, 26)이 그 때문에 중요하다. 이 장소는 성 차이를 통해 나타나는 타자성이 어떤 절대적인 것으로 암시됨이 없이 하나의 성이 다른 성을 열게 하는 것을 체험하게 하는 일이 일어나도록 하는 그런 성질을 띠고 있지 않으면 안 된다.

쌍의 대화에서 양 파트너를 만족시킬 만큼 합의가 가능할 정도로, 또한 담론들을 규정하는 성의 분리가 어떻게 극복될 수 있을까 하는 물음에, 그런 대화는 실천에서 아직 실현되지 않는 요구 사항이기 때문에, 이리가레이는 단지 형식적인 대답을 줄 뿐이다. 그 합의가 달성되기 위해서는 어떤 공통적인 것, 모든 차이에 앞서 원칙적으로 양성들에게 접근될 수 있는 인간적인 것의 차원이 존재한다는 것을 가정하지 않으면 안 된다. "성 차이가 현존한다면 그것은 남성과 여성이 공통적인 어떤 것도 갖고 있지 않다는 것을 의미하는가? 우리는 적어도 아이가 결과물로 존재함을 안다. 남성과 여성 사이에 무슨 공통적인 것이 존재하는가? 개념과 지각, 양자가 등급화 없이 존재한다. 양자들은 지각할 수 있고 개념적으로 파악할 수 있다. 수동적일 수 있고 능동적일 수 있다. 서로에 대해 수동일 수 있고 서로 개념적으로 파악할 수 있다. 서로 수용할 수 있고 서로 표용할 수 있다. 양 파트너는 각자의 자유를 통해 더 열린다"(EsD, 112 이하). 이리가레이는 양성들이 서로 연결될 수 있는 두 교량, 즉 출산과 신에 관해 말한다. "남성과 여성 사이에 포옹들의 수용 태세를 갖추는 것은 항상 신을 통해 매개되지 않으면 안 되었다. 그러나 신에 대한 신앙이 없이 남성은 여성에게 자신의 법을 강요한다. 오직 신을 위해, 신의 기대 속에서 여성을 껴안는 대신에 그는 여자를 자신의 개념과 개념들 속으로 가두어 넣는다. 태어나기 전의 남성을 껴안았고, 남성이 여성의 밖에서 살 수 있을 때까지 오랫동안 남성을 껴안았던 여성은 그녀가 이해할 수 없고 벗어날 수 없는 언어와 장소에 포위되어 있는 자신을 다시 발견한다. 남성이 남성도 되고 싶어하고 여성도 되고 싶어하는 것은 새로운 사실이 아니다. 즉, 껴안는 것과 안기는 것은 항상 동등한 권한이다. 그러나 남자는 전체를 지배하려 함으로써 담론의 노예가 되고, 모성-본능의 노예가 된다"(Esd, 113 이하).

따라서 성애적인 관계는 이리가레가 성들의 관계를 확정하려는 근본적인 틀이다. 양성이 동일한 방식, 즉 감성적인 지각과 개념적인 사유를 매개로 하여 우주가 이해되는 것을 전제로 할 때 사랑은 탁월한 매체가 되고 그 매체 안에서 두 성은 장차 제거되어야 할 방해 요인으로 체험되지 않고 "남성의 육체가 부활하고 여성은 정신에 참여하는 것을 더 이상 망각하지 않는 장소"(EsD, 175)로 체험된다. 이 장소는 정체성의 상실이 없는 성애를 가능하게 한다. 더 말할 나위 없이 그 장소는 무엇보다도 먼저 타자에게 자신의 정체성, 자신의 친밀함의 표현을 가능하게 한다. 즉, 그것은 "본래 있는 근원 상태의 성질로 되돌아가는 제2의 분만이다"(EsD, 241). 이리가레이가 "신의 인간됨에 대한 윤리적 충성으로"(EsD, 253) 표현하는 것은 사랑 — "서로 암호를 해독하려고 노력하는 두 육체들 사이의 같은 감정"(GG, 66)의 의미에서 — 을 신의 본래의 사람됨으로 생각하는 그녀의 시도를 우회적으로 표현한 것이다. 신은 항상 이미 있는 것은 아니다. 그는 성 차이에 자유의 권한을 부여하는 그런 인간 상호간의 모든 관계를 이어주는 끈으로 현존하지 않으면 안 된다.

4) 비판적 이의들

남성적 플랜, 다시 말해 동반자 사르트르의 실존주의적인 플랜이 보브아르의 남성에 대한 정의의 기초가 되어 있다고 그녀가 비난받는 것과 똑같이, 이리가레이는 그녀의 선생 라캉의 정신분석적 성향에 사로잡혀(프로이트-비판, 거울 비유, 남근 이론과 담론 이론 등) 있다는 비난을 받고 있다. 그러나 그때 그녀가 일면성의 남성 단독으로 정의되는 인간적인 것의 전체와, 그리고 그와 똑같이 일면성의 여성 단독으로 해석된 인간적인 것의 전체 사이에서 위험한 성들의 이론을 전개하고 있다는 사실은 대부분 간과되고 있다. 그녀가 구체화된 초감성적인 것의 추론점으로 파악한 쌍의 통일에 관한 그녀의 기획을 가지고 그녀는 통일과 전체성을 실현하려는 일체의 시도들을 거부하는 라캉을 비판한다.

괴트너-아벤트로트(H. Göttner-Abendroth)는 이리가레이에게 절충주의를 비난한다. "이리가레이는 모든 분야에서 … 그리고 모든 시대에 걸쳐, 완전히 타자로서의 여성에 대해 남성적인 전체주의를 비난한다. 경제적 분야에서 여성은 '상품'이고 사회적인 분야에서 여성은 영원한 부권주의에 복종하며, 성적인 분야에서 남근중심주의에 지배당하고 이데올로기 면에서 동일성의 원리인 로고스중심주의에 예속된다." 여성성에 관한 담론을 위해 남성적인 담론에 그녀는 예속되지 않고 여러 가지 이론적인 무대 장치(프로이트의 정신분석, 동일성의 철학, 구조주의적인 인간학, 정치적 경제학)를 이용한다. 그런 것들의 결합을 통해 그러나 그녀는 실제로 새로운 통찰들을 획득하지는 못한다. "그런 연상적인 유추의 정립들이 아무리 유혹적이더라도 그것은 그만큼 기만적이다 : 유추로 정립된 개념들의 충분한 이론적인 내용은 사라지고, 따라서 개념들은 임의적으로 처리될 수 있다." 이 연역적인 파멸을 통해 이데올로기 비판적인 이리가레이의 의도는 전복되고, 하나의 새로운 이데올로기적인 불록으로 굳어진다.[17]

---

17) 「여성 연구에서 학문적 입장들」, 『여성 철학자들은 무엇을 사유하는가?』, 편집인 : H. Bendkowski / B. Weisshaupt, Zürich 1983, 253-270 : 인용 260 이하, 262.

방금 말한 것에 비해 "검시경"의 여성 번역자들 — 레이크브스키(Rakewsky), 릭크(Ricke), 트로이쉬-디터(Treusch-Dieter)와 오트머(Othmer) — 은 이리가레의 저서를 수용하면서 이리가네가 한 가지 오해하고 있음을 확인했다 : "소위 말하는 비판적인 입장은 이론의 논리적 모순, 여성적인 것의 실체화와 신화화, 비역사적 고찰 방식, 비학문적인 유추 형성들을 확실히 한다"(Sp, 470). 그런 이리가레이의 주장과는 대조적으로 이리가레이의 모방적 방법 — 완전히 자극적인 의도에서 — 은 그것으로 텍스트 내재적인 분석을 요구하지는 않고, 텍스트에 "영향력이 있는 메커니즘들을" 적발하려 하고 그리하여 "매장되어 있는 연상의 전체적 맥락들"을 유발시킨다는 것을 번역자들은 주장한다. 이리가레이에게는 더 말할 것 없이 철학적인 입장 자체의 재구성은 중요하지 않고 여성적 담론에의 접근이 중요하다(Sp, 471)는 것을 가정할 수도 있다. 그러나 사람들이 이것을 동감한다 하더라도, 나의 생각으로는 무엇보다도 이리가레이의 고전 철학 텍스트의 독해는 그녀가 때때로 텍스트들과 거의 무관한, 그리하여 자신의 환상들을 좇는 계기로 고려된 논제들을 사용한다는 인상을 주고 있음을 부인할 수 없다.[18]

---

18) 예를 들면, 이리가레가 "성의 차이의 윤리학"에서 철학적인 물음의 근원으로서 경탄에 관한 데카르트의 진술을 말하자면 이행 단계가 없이 성별 차이의 현황에서 그녀의 "서로 바꿀 수 없는 성별로 전이하다면, 혹은 아리스토텔레스의 물리학 이론에서 나온 장소의 이론을 성 행위와 연관한다면, 혹은 그녀가 스피노자의 원인 개념에 대한 분석을 어머니적인-여성적인 것의 전체적인 연관과 관련시킨다면, 마지막으로 가시적인 것에 대한 메를로-퐁티의 상론과 관련해서 그녀는 메를로-퐁티에서 관찰하는 자는 전체적인 것에 비하면 태어나기 이전의 근친상간적인 상황에 사로잡혀 있다는 것을 확인한다면, 해석들이 개별적으로 또한 명료하고 자극적이라 할지라도 이러한 유의

이리가레이의 진행 방법이 갖는 학문성에 대한 반론들과 함께 일종의 내용적인 것에 대한 이의들도 있다. 성 차이에 대한 그녀의 강조는 성의 구별을 남근과 음경에서 확인하는 인간의 생물학적인 정의로 복귀될 것이다. 그 사실은 "또한 이리가레이에게 해부학이 운명이 된" 결과를 초래한다.[19] 물론 이런 비난은 사회적인 성 이외에 자연의 성도 하나의 자유로운 선택의 대상이라는 전제에서만 설득력이 있다. 이리가레이는 우리들이 실제로 두 성 중 하나의 성 혹은 다른 성을 갖추고 있다는 것에서 출발하고, 그녀에게 불쾌한 것은 남성의 성을 인간적인 성의 전체 규범으로 삼기 위해 성에 대한 남성의 해석들에서 특별히 여성적인 것을 배제한 바로 그 남성의 해석들이다. 이리가레이의 성 차이의 주장은 따라서 생물학적인 혹은 존재론적인 논증들에 기인한 것이 아니다. 여성들이 성들의 관계에 대한 물음을 절대적인 두 전체 사이의 관계로 풀기 시작하기 전

진술은 문제가 없는 것은 결코 아니다." 비슷하게 다비드-메나드(M. David-Menard)도 논증한다. "그러나 사람들은 아리스토텔레스의 물리학을 여성의 형식으로 새롭게 쓸 수 없다. 성별 간의 구별의 사상이 일상적인 질서에 있는 시대는 물리학의 아리스토텔레스의 이념을 다시 수용할 수 없다." "그녀가 아리스토텔레스의 텍스트에서 장소에 관해서 언급했던 그것을 스피노자의 텍스트로 도입하면 그녀는 수사학적인 효과를 가져오지만, 어떤 다른 것을 가져오지 못 한다"(「성별들의 구별과 철학적인 방법」, 『여자 철학자들은 무엇을 사유하는가』 II, 편집인 : 안드레아스-그리제바하(M. Andreas-Grisebach) / 바이스하우프트(B. Weisshaupt), Zürich 1986, 172-188 : 인용 183 이하).

19) 부쉬(A. Busch) : 「영원한 여성적인 것의 비유적인 배일 — 이리가레 성 차이의 윤리학에 대하여」, 『페미니즘의 나침반 — 부권적인 배낭』, 편집인 : 그로스마스(R. Grossmaß) / 쉬메르(C. Schmerl), Frankfurt a.M. / New York 1989, 117. 다비드-메나드는 비슷하다. "사람들이 … 성 차이의 존재론을 서술하려면 사람들은 항상 성별적인 구별들의 본질적인 이론으로 다시 빠진다. 이리가레는 이 암초를 피해가지 못 한다"(앞의 책, 184).

에, 자신을 자신과 하나인 비의존적이고 독립적인 전체로 경험
할 수 있기 위해 그녀들의 가장 고유한 성 정체성으로 통하는
길이 자신들에게 먼저 열려야 한다는 통찰이 이리가레이의 성
차이의 주장에 고려되어 있다. 그런 한에서 이리가레이의 사상
적 성향은 단지 제한적이지만, "여성 중심 페미니즘"으로 특징
지을 수 있다.[20]

그 외의 비판은 이리가레이의 신학을 겨냥한다. 도이버-만코
브스키(Deuber-Mankowski)에 따르면, 여성적인 신성에 대한
그녀의 요구는 '가장 나쁜 종류'의 '남성적' 사유로의 복귀다.
"우리가 아직 알지 못하는 것이 존재할 수 있기 이전에 그것의
선취를 이리가레이는 오직 철학적 방식에서 시도한다." "남성
적 동일성의 사유에 대한 그녀 자신의 비판이 시작되는 곳, 즉
내용이 공허하고 추상적인 사유 구조를 이용해 이리가레이가
여성들이 여성적인 주체성을 갖도록 돕고 그리하여 여성 자기
책임의 불행에서 세계를 구하려고 한 곳에서"[21] 그녀의 제의는

---

20) 영(Iris Marion Young)은 보브아르의 인본주의적 페미니즘과 이리가레
이의 여성 중심적 페미니즘을 구별한다. "인본주의적 페미니즘은 여성성을
여성 억압의 원인으로 정의하고, 남자들에 의해 떠받쳐진 제도들이 또한 여자
들에게 산업과 예술, 학문의 세계를 규정하는 활동에 완전한 참여를 요구한다.
그와는 반대로 여성중심주의적 페미니즘은 전통적으로 공공적인 남성의 시도
들의 가치를 의심한다. 여성 억압은 여자가 자신의 가치 실현과 격리되어 있는
데 있지 않고, 지나친 도구적인 권위주의 문화를 통한 여성의 덕들과 활동들의
부정과 평가절하에 있다"(「인본주의, 여성중심주의와 페미니즘의 정치」, 『사유
관계들 — 페미니즘과 비판』, 편집인 : E. List / H. Studer, Frankfurt a.M 1989,
37-65 : 인용 55 이하).
21) 도이버 만코브스키 : 「새로운 세계와 여성의 신들에 관해서 — 이리가레
이 '성 차이의 윤리학'에 대하여」, 『근대에서의 여성성 — 페미니즘의 이성 비
판의 단초들』, 편집인 : J. Conrad / U. Konnerz, Tübingen 1986, 63, 72-73.

끝난다. 여성적인 신에 대한 이리가레이의 설계는 첫 조처에서 여성의 성 정체성으로 가는 도상에 철학자들의 신과는 대립된 입장이 되어야만 하는 것처럼 내개는 여겨진다. 여성들의 자기 경험은 어떤 절대적인 것, 어떤 초월적인 것에 대한 욕구를 인식하게 한다. 그러나 그 욕구는 성령의 은총을 받은 탈감성화의 남근 형상들에서는 결코 만족을 발견하지 못하고, 결과적으로 극도로 도발적인 표상, 다시 말해 감각적으로 감동시키고 있는, 심지어 "점액질"의 살의 은밀성을 함께 포함한 신의 표상이 발생한다. 두 번째 조처에서 이 신의 표상은 쌍의 윤리학 범위에서 확장된다. 그 결과 성 차이에 관련해 교량 기능이 신의 표상에 인정된다. 그러한 교량 기능에 의해 신은 그의 전통적인 역할에서 이미 존재하는, 통일을 야기하는 보장으로서 나타나지 않고 항상 반대 성의 대립적인 것의 상호 지양에 절대적인 것으로 새롭게 맨 먼저 다시 나타나지 않으면 안 된다. 이런 신의 개념을 사람들은 거부할 수 있다. 그러나 나는 이 개념이 남성의 동일성 사유에 책임이 있다고 보지 않고, 오직 이상주의적인 예견만 근거한다고도 보지 않는다. 나는 이리가레이에 의해 무언중에 주장되는 가정, 즉 성애적인 쌍의 관계가 어떠한 유의 인간 상호간의 모든 관계의 기본 모델로 특별히 우대받을 수 있다는 가정이 더 문제점이 있다고 생각한다. 비록 신적인 것의 차원이라 하더라도 이루어진 성 교제가 남성과 여성 사이의 모든 교제 형식들의 배후 사상들을 사상적으로 뒷받침할 수 있겠는가 하는 면에서도 당연히 의심받을 수 있다.

3. 자연의 성(sex)과 문화의 성(gender)에 대한 논쟁

보브아르와 이리가레이는 "여성"의 범주가 인습적인 논구에서 남존여비적으로 정의되고 있음을 밝혀냈다. 따라서 인간이라는 종에 속한 여성들은 자연(염색체, 호르몬, 신체의 구비)에 의해 불이익을 당한, 말하자면 손해를 본 표본들로서 간주된다. 또한 이 표본들은 정신적인 분야에서 자신을 자율적으로 규정할 수 없고, 그 때문에 그녀들이 누구며 무엇을 행해야 할지 알아내기 위해 강한 성의 측으로부터 약점 보완을 필요로 한다. 한편으로 여성의 생물학적인 성을 통해, 다른 한편으로 남성의 정립에 의해 결정된 여성은 자기 자신을 위한 자유기본권을 기대할 기회도 없이 예부터 후견인의 도움을 받고 있었다. 보브아르와 이리가레이는 서로 다른 방식으로 남성과 여성에 의해 수세기 전부터 내면화된 여성과 여성성에 관한 표상이 하나의 부권적인 가설 이외의 어떤 것도 아님을 가시화했다. 부권적인 가설의 와해는 여성들에게 타인에 의해 규정된 그들의 뿌리를 분석하는 가능성을 주고, 그리하여 아직도 불확실한 여성들의 자기 이해를 길 안내자로 해서 처음에는 여성 스스로에 의해 선택권에 일치하는 플랜들, 그리고 다음으로 양성들을 포괄하는 인간상을 개선에 의해 바꾸어가는 플랜들을 탐색하는 가능성을 준다.

"여성"이란 범주의 남성적인 가설의 비판적인 와해와 연관해서 제기된 물음은 여성의 성 정체성을 죄어온 억압의 코르셋을 풀어버린 후에 이제 무엇이 더 남아 있는가 하는 것이다. 무너지는 부권적인 정의들의 폐허 아래 말하자면 여성성에 관한 존재론적인 규정들이 남아 있는가, 그 같은 규정들은 그 자체로서 결코 인간적인 설계자로 환원될 수 없어서 그 결과 그 규정들의 창시자로서 오직 자연이 이름을 공표해야만 하는가? 혹은 소위 말하는 자연적인 성 규정들은 남성 동일성의 논리학의 기준에 의한 정립들로 밝혀졌기 때문에 결국에는 어떤 것도 남아 있지 않는가? 그것이 사실이라면 생물학적인 성이 의미하는 것은 결코 확정된 성 자체가 아니고 오직 인위적으로 분리된 것의 상위 질서와 하위 질서로 지배와 노예 관계의 유사성에서 일원성을 표상할 수 있는 이원론적인 대립의 사유 형식들에 사로잡힌 오성의 가설이다. 이것이 영어권에서 섹스와 젠더에 관한 담론의 중심 문제다.22) 극단적인 두 입장들은 한편으로는 고전적 생물학적 파악을 통해, 다른 한편으로는 제3의 성 정체성의 가설을 통해 대표된다.

1) 성 구별의 생물학적 설명

여성의 내부에 자리잡고 있는 난소는 여성의 전 본질에 영향을 주고, 반대로 남성의 성은 성이 갖는 외적인 형식에 근거해 육체적인 현상의 단순한 부수 현상이기 때문에, 여성은 여성의 성에 완전히 종속되어 있다. 이런 입장에서 19세기 초 의학사

---

22) "자연의 성"이 의미하는 것의 반대 감정 양립이 점점 분명히 드러난 후에, 앵글로색슨 국가의 페미니즘 문학에서 "섹스(sex)" 표시는 자연적인 성에 그리고 "젠더(gender)"의 표시는 자연적인 성에 매번 더해지는 사회적인 정체성의 징표들과 행위의 유형들에 채용되었다. 독일에서는 보통 섹스는 "성(Geschlecht)"으로, 젠더는 "성정체성(Geschlechtsidentität)"으로 표현된다(근원적으로 "젠더"는 문법의 성을 의미한다).

전에서 대표되는 고전적이고 생물학적인 견해는 출발한다. 오늘날의 의학자들은 인간의 유전학적인 성은 인간 생식기의 체계를 통해 정의되어[23] 있다는 데서 출발한다. 인류 생물학에서 진화 이론은 성 차이의 규명에 대한 토대를 준다.[24] 동물학자 빅클러(Wickler)는 진화의 진행중에 이루어지는 자연 법칙은 "사실적인 것의 규범적인 힘"을 갖고 있으며, 그 힘을 고찰하지 않는 일은 중대한 오류 판단에 이르게 됨을 지적한다. 그러한 오류 판단들 중의 하나를 빅클러는 "성들의 본질과 기능들의 차이성을 호르몬과 염색체의 고유성에서 이끌어낸다"[25]는 명제에서 본다. 살아 있는 자연의 어디에서나 우리가 발견한 성

---

23) 예를 들면, 아이프(A. W. v. Eiff) : 「인간의 성에 대한 학제 간의 담론의 인간학 — 생물학적인 토대들」, 『성성의 본질과 의미』, 편집인 : N. A. Luyten, Freiburg / München 1985, 251-259. 약간은 더 분화해서, 그러나 더 복합적으로 N. Boisacq-Schepens는 표현한다 : "인간의 종에서 유전적 성이 생식적인 성의 조건이다. 이 성은 자기 편에서 생식 호르몬 분비를 통해 신체적인 성을 규정한다. 태어날 때 외부적인 성 기관들에서 법적인 성의 부여가 결과로 나타나고, 이 성에 아이의 교육받는 환경이 의존한다. 이 사회적인 성은 보통 생리-신체적으로 보면 제2의 그리고 제3의 성의 징표들인 사춘기적인 현상의 형식들을 통해 증명된다"(본느E. Bone : 「성성의 이해에서 문화적 변화」, 『성성의 본질과 의미』, 213). 본느의 논문은 프랑스어로부터 명료하게 번역되었다. 왜냐하면 '남성적인'과 '인간적인'의 착오는 "인간의 정충이 1평방 센티미터당 60만에서 100만 마리까지" 포함한다는 힌트에서 다르게 설명될 수 없기 때문이다.

24) "윤리적인 목적의 표상들을 발전시킨 것은 생물학자의 일이 아니다. 그러나 생물학자는 인간이 진화를 거쳐 오늘날의 인간이 되었다고 알고 있고 ,따라서 사람들은 진화의 지식이 없이는 인간을 이해할 수 없다는 것을 안다"[빅클러(Wickler) : 「성 역할의 본성 — 성의 원인들과 결과들」, 『성성의 본질과 의미』, 67-102 : 인용 81]. 또한 Uta Seibt와 공동 집필한 책 : 『남성적인-여성적인. 큰 차이와 그것의 결과들』, München 1993 참조.

25) 빅클러 : 『성 역할의 본성』, 84.

특징적인 동일한 성별의 전형적인 행동의 성향들을 발견하는데, 다시 말해 수컷들 사이의 경쟁, 암컷에 대한 수컷의 지배와 어미 암컷의 포육 행동을 그는 암수의 생물에게 그것들의 본질을 각인시킨 "번식의 명령"의 결과로 돌린다.26) 두 개의 다른 체세포 타입 — 남성의 많고 작은 체세포와 여성의 적고 큰 체세포 — 을 가지고 증식 효과가 최대로27) 되었기 때문에, 진화의 과정 중에 양성들이 발달을 가능하게 했던 근원인 오직 통일적인 체세포의 형식을 갖추는 하나의 태초-성만이 아마도 존재했을 때,28) 그 같은 최초 단계에서는 오직 하나의 비성적인 증식만이 존재했을 것이다. 인류가 정신적이고 기술적인 발달을 통해 많은 생물학적인 기능의 압박으로부터 자유로워지고 인구 폭발이 파국적인 규모로 되어버린 후, 번식에 마땅히 더 큰 비중을 둔 생물학의 기초적 역할들의 진부한 어법들은 성 관계에서 더 이상 지탱되지 않는다. 빅클러에 따르면, 그 대신 진화의 초기 단계에 양성의 이익이 되도록 그리고 아직은 번식 없이 유전학적인 자료의 최초 교환 과정들의 기초에 있던 것 같은 어떤 상징적 관계가 공생 관계를 목표로 했던 관계에, 그러나 다르게 분화된 생명체로서의 남성과 여성의 관계에 적용되어야 한다.29)

---

26) 앞의 책, 85.

27) 앞의 책, 71 이하.

28) E. Bone는 그에 반해서 여성적인 성을 근원적인 성으로 생각한다 : "인종에서 여성적인 성이 생물학적인 측면의 기초에 놓여 있는 성으로서 보아야 한다는 것 … 을 바로 지적하는 것은 중요하다. Y-염색체를 통해 결과하는 남성적인 분화는 근원에서 단지 구조의 탈여성화와 근본적으로 분명히 여성적인 토대의 프로그램의 탈여성화만을 표현한다"(앞의 책, 216).

성의 역할들이 진화 법칙을 통해서 뿐 아니라 문화적이고 사회적인 요인들에 의해서도 규정되고 있음을 빅클러는 인정한다. 그럼에도 불구하고 그의 구상에 따르면 문화와 사회 요인들에 있는 번식을 위한 끊임없는 성공 전략은 여전히 사회의 역할 기대들에 대한 범례적인 설명을 준다. 따라서 지배, 우월감, 불안불감증, 사회적 성공과 낮은 정서 등이 남성 역할에 속한다. "복종에 대한 각오, 무능력, 불안, 약간의 사회적 성공, 높은 정서가 여성의 역할상에 속한다. 물론 반대로 여성을 기준으로 해서 양성을 측정할 수 있다. 그때 남성은 정서결핍증과 용맹에 대한 망상증 혹은 양육의 무용증에 걸려 있다. 이렇게 하면 공격의 날이 단지 역방향으로 향하게 되고, 일방적인 양성에 대한 평가 문제는 적절치 못하고 풀리지 않는다."[30]

적어도 이 입장에서는 두 가지 사실이 분명해진다 : 하나는 당연히 남성은 여성의 통찰 능력에 제발 좀 정당하게, 즉 복수 감정을 벗어나 판단해주도록 호소하고, 전부터 남성이 전혀 조심성이 없이 여성에게 태도를 취했던 것처럼 남성을 그와 같이 한눈으로 관찰하지 말도록 호소할 때 갖는 자명성이다. 남성 존재에 대한 여성의 일면적인 남성의 정의들에서 초래하는 그 모든 불이익들을 감수하라는 것은 남성에게 명백히 부당한 요구처럼 보인다. 마치 남자다운 것의 음흉한 캐리커처가 주요 문제인 것처럼 사람들이 한번 남성 자신들의 시각에서 남성들을 기술하지 않는다면, 그때 대부분의 남성들이 빅클러가 목록

---

29) 앞의 책, 101.
30) 앞의 책, 99.

에 적은 결점들을 실제로 보이고 있다는 것은 결코 비밀이 아니다.

또 하나는 일면적 시각들을 통해 어떤 것을 "적합하지 않다"로 특징을 지음과 동시에 하나의 규범적인 요소, 그것이 참인가 아닌가에 대한 가치 판단이 거기에 함께 작용한다는 것은 우리의 관심을 끌고 그리고 그것은 더 중요하다. 엄밀히 말하면 자신의 진술을 진화론에 근거시키는 행동 연구가는 생물체의 행동들을 오직 그 생물체의 발전해온 과정으로 되돌아보는 데서 설명할 수 있다. 좀더 강한 남성의 공격성에 대한 설명을 심한 도태 압력을 받은 정충에 의해서 이끌린 살아남기 위한 투쟁으로 처리하는 것은 당연한 귀결일 것이다. 후손들의 양육에 여성들의 일종의 에너지 투자와 관련시켜 그들의 아이들의 돌보기 행동을 설명하는 데에 유사한 해석이 타당하다. 그러나 계통 진화사적으로 획득된 남성들과 여성들의 범례적인 행동들과 관련해서 적합하지 않은 양성들의 어떤 불균형에 관해 언급되자마자 진화의 패러다임 밖의 한 입장이 취해진다. 진화의 패러다임을 벗어난 이 입장은 진화의 메커니즘을 통해 결정된, 생물학적으로 각인된 형식들을 인간 자신에 의한 결정 쪽으로 생각하는 방향 전환에서 일정한 거리를 두고 고찰하는 것을 허락하고, 그리하여 인간 스스로에 의해 정립된 기준을 준거로 기획된 자기 이해와 세계 이해의 지평에서 생물학적으로 각인된 저 형식들을 세계 이해에 일치하지 않는 것으로 평가하는 것을 허락한다.

여기서부터 진화 이론은 다르게 나타난다. 우리의 모든 눈앞에서 일어난 사건의 진행이 진화에서 중요하게 다루어진 것처럼, 처음에는 상당히 신뢰할 만하고 공격될 수 없는 것으로 생각되는 것은 조금만 더 정확히 고려해보면 결국에는 과거에서부터 지금까지의 우리의 지식을 근거로 한 가설적인 재구성으로 드러난다. 그런데 가설적인 재구성은 오늘날 우리의 학문 개념을 조명하고 매개해서 완성되기 때문에 가설은 그렇게 신뢰할 만하게 보인다. 또한 우리의 일상 지식을 지배하는 이 학문적 개념은 하나의 경제학적인 개념이다 : 다양성은 반드시 일원성과 소수 형식들, 법칙들과 원리들로 환원되지 않으면 안 된다. 일자를 위하여 해체된 다자와 일자의 이원론은 또한 진화의 가설을 규정한다. 그 가설에 의거하여 성들의 차이는 도태의 방식으로 형성된다. 이 도태 방식에서 자신의 다양성을 서로 보완하는 두 기본 유형으로 환원시킨 것은 바로 "자연"이고, 이 기본 유형을 통해 종의 번식이 극대화된다. 그러나 이 해석은 유일하게 오늘날 학문 이념의 보편적인 조건에서 분명히 이해되기 때문에 제대로 논증된 것처럼 보이는 하나의 해석일 뿐이다. 투쟁의 비유가 알리고 있듯이, 대립의 한쪽은 강자로서 자기 자신을 관철하고, 좀더 약한 한쪽은 강자에게 자신을 적응시키거나 복종해버리는 대립들의 사유는 성 차이의 존립을 하나의 제거 과정으로 설명할 수밖에 없고, 제거 과정에서 도태 압박에 견디지 못한 모든 것은 경제학적인 기준에 의거하여 적합지 않은 것으로 소멸된다.

인류학자 포겔(Vogel)은 외도에 대한 성별에 따라 다른 결과가 되는 판단들의 기저에 있는 이중의 도덕 — 남자는 바람둥

이, 여자는 창녀 — 을 양성들의 상이한 재생산의 전략들에서 기인한 것으로 봄으로써, 그는 진화에 경제적인 사유 스타일의 투영에 대한 특히 구체적인 한 예를 준다. 남성들은 그들의 번식을 높이기 위해 가능한 한 많은 여성들과 성교하고, 그녀들을 자신의 통제 아래 둔다는 것은 남성 유전 인자의 프로그램 가운데 자동적으로 박혀 있으며, 이는 남성들이 자신의 번식률을 높이기 위해 같은 남성 경쟁자들에 대한 공격의 잠재력을 증강시키고 있다는 것을 전제한다. 여성들은 대상자를 자주 바꿈으로써 그녀들의 번식 성공을 증가시킬 수 없기 때문에, 여성의 유전 프로그램은 냉담한 억제 경향과 후손의 양육 조건을 개선하려는 경향을 갖고 있다. 양성들의 성 행위와 관련하여 "'이중 도덕은' 세계적으로 널리 유포되어 있다. 그 도덕은 자신의 부권 보장과 자기 증식의 투자 손실을 방지하는 데에 공헌하는 남성의 자기 번식 전략의 발로다."[31]

오늘날 또한 지탄받고 있는 성과 인종의 차별 형식들은 아마도 우선 이데올로기의 근거들을[32] 갖고 있다는 사실이 진화 이론가들에 의해 처음부터 여러 차례 제외되었기 때문에, 이 행동 방식의 순환성은 하나의 퇴행적인 자기 실현의 예언으로 직

---

31) Ch. Vogel : 「남자와 여자에서 '이중 도덕'의 진화생물학적 토대」, 『남자와 여자-여자와 남자. 성 역할의 배경들, 원인들과 문제점』, 편집인 : W. Bohm / M. Lindauer, Stuttgart 1992, 151-162 : 인용 160.
32) H. Schipperges는 Wickler와 Seibt와 관련해 다음의 사실을 확인한다 : "또한 생물학자들은 최근에 진화적으로 각인된 성의 기능들과 사회적으로 규범화된 성 역할들 사이의 차이를 더 분명히 한다"(「의학사의 관점에서 성성의 의미에 관해서」, 『성성의 본질과 의미』, 171-211 : 인용 197). 동물학자 B. Hölldobler는 그러나 "성은 생물학적인 개념이고 오직 생물학적으로 이해될 수 있다"고 고집한다(「토론」, 『남자와 여자 — 여자와 남자』, 109 참조).

시되지 못하고[33] 차별 대우의 원인들이 생물 발생적인 재구성에서 찾아지고 발견되는 결과를 가져왔다.

　사람들이 하나의 다른 시각을 사물들의 기초로 삼으면, 그때의 확정된 틀의 시각과 함께 코드화되어 있지 않는 순수하고 사실로 존재할 수 없는 연구된 대상이 또한 변한다. 신체에 관한 여성 역사학자 바바라 두덴(Babara Duden)은 16세기와 17세기에서 성별들의 해부학적인 차이가 차이로 파악되지 않고 유사성으로 파악되었다는 사실에 주목했다. 즉, 여성도 "남근"을 갖고 있는데 단지 여성이 이 남근을 남성과는 달리 내부에 갖고 있다는 유사성에 주목했다. "따라서 자궁경부가 남근을 만들어서 음부와 귀두가 동등하게 취급되든가, 혹은 남근과 음핵 사이의 유사성이 조성되는가 하는 안목을 결정하는 일은 바로 시각을 결정하는 동일한 선판단들이다. 즉, 남성과 여성을 구별하는 것은 차이성이 아니고 성기들의 역위라는 선판단들이다."[34] 확정적 틀을 결정하는 것은 항상 선판단들이다. 이러

---

33) 그러한 주제에서 유사한 순환성에 대해 Ruth Hubbard에서 언급된다 : "순환성은 매우 간단히 만들어질 수 있다 : 사람들은 능동적인 남성과 수동적인 여성이라는 빅토리아풍의 판에 박힌 판단을 시작하고 그리고 나서 동물들, 해초들, 박테리아들과 인간들을 관찰하고, 모든 수동적 행동은 여성적인 것으로, 그에 반해서 능동적인 혹은 목적 지향적인 행동은 남성적인 것으로 부른다. 모든 것은 기능에 일치해서 작업한다! 빅토리아풍의 판에 박힌 판단은 생물학적으로 결정되어 있다 : 심지어 해초들도 … 일치해서 행동한다. 이제 남성중심주의적인 패러다임은 분명해진다 : 여성들은 항상 남성의 기준을 근거로 해서 측정된다"(「진화는 여성을 간과했는가?」,『사유 관계들』, 301-333 : 인용 317 이하). 또한 Judith Butler의 상이한 성의 징표들에 대한 소위 말하는 "이진법적인 중추적 위치"로서 지휘 유전 인자에 대한 비판적인 상론들(「성들의 불쾌」,『사유 관계들』, 159 이하) 참조.
34) B. Duden : 「"남성과 여성의 뿌리" — 성 구별의 구체화의 역사에 대한 논

한 틀 안에서 탐구된 사실은 선판단이 설명 모델에 일치한 것과 같이 나타난다. 두덴이 과학자 포겔에 대해 그의 학문은 기술이 아니라 잠재 의식적으로 가치 평가되어 있다는 그녀의 논평은 전적으로 옳다. 그 같은 학문은 "외견상 기술의 탈 뒤에 일정한 경제적 인간상, 거기에 덧붙여 여성의 성기를 겨냥한 인간상"35)을 매개한다.

자연과학의 설명 모델들이 실제에 대한 모든 해석들처럼 가설들이라는 것이 적중되면, 진화론에서와 같이 가설들을 통해 항상 어떤 사람에 의해 일정한 이론의 망을 통해 걸러져 주어진 것은 더 이상 진화적으로 주어지지 않는 발달 과정들을 근거로 그리고 무엇보다도 먼저 '사실들'로서 재구성되어야 할 발달 과정들을 근거로 인과적으로 이끌어지면, 그때에는 현재를 구성하는 이론의 망이 또한 코드를 주고, 이 코드의 도움으로 성 차이의 생성이 해독될 수 있다. 따라서 남성과 여성의 성적인 징표들의 형성을 경제적으로 투입된 번식 전략으로 이야기하는 테스트로서의 성을 읽게 만드는 생물학적인 코드가 결정적이다. 그러나 이것은 성 특징적인 행동의 생성사를 이야기하는 유일하게 가능한 그리고 비로소 옳은 유일하게 알맞은 방법도 아니다. 밝혀진 바와 같이 다양한 것들의 경제적 환언에 대해 관심을 갖는 남성의 합목적적인 인식으로부터 이끌어진 진화론적인 코드는 현실을 파악하는 틀의 구조들을 과거로 전이시키고, 그렇게 함으로써 뒤를 돌아보고 오늘의 해석을 되풀이

평들」,『남성과 여성 — 여성과 남성』, 143-150 : 인용 147.
35) 앞의 책, 169.

한다. 이때 자연과학자는 해석자에 의하면 소위 말하는 자신의 중립적인 가설이 순전한 가정들에 기인하고 있다는 것을 알지 못한다. 예를 들어, 결과의 구조 원리(성별-차이)는 추론되어 갖는 원인의 구조 원리(남성 생식 세포들의 경쟁-여성 생식 세포들의 수태 행동)와 동일하다는 가정들에 기인하고 있음을 알지 못한다.

따라서 성 차이의 유래의 역사를 진화론과는 다르게 이야기하는 페미니즘 시도들이 코드화의 결과로 인식될 수 없다는 이론 구조와 결부된 생물학적인 설명의 절대성을 요구한 학자들의 학문 비판에 착수하는 것은 놀랄 일이 아니다.

2) 성 정체성의 다원화

성 차이의 생물학적인 설명은 실체의 형이상학에 근거한다. 그 실체의 형이상학에 따르면, 일종의 제일의 기체가 자연적인 조건(도태 원리, 진화) 아래에서 남성적인 생식기와 여성적인 생식기 체계로 분화된다. 그런 설명은 자연이 자신을 스스로 규정하는 주체와 유사하게 술어들을 가지고 있다는 표상을 가지고 작동한다.

이러한 실체의 형이상학적 모델에 반대하여 두 가지 이의들이 제기될 수 있다. 하나는 생물학적인 설명에서 사실적인 과정들의 객관적인 기술이 중요하다는 가정은 객관적 인식이 항상 사유하는 주관의 의식 구조 기준에 따르는 가능성을 완전히 배제해버리는 해설자의 "주관 망각"에 근거한다. 다음으로 하나는 생물학적인 설명은 성(sex)과 성 정체(gender)성의 차이를 도외시한다. 자연은 성 특징적으로 분화된다는 사실에서 이 설명이 출발하면, 인간의 정립들을 통해 획득된 성 정체성의 여지는 결코 남아 있지 않다. 자연이 이미 모든 것을 결정해버린다면 규정해야 할 어떤 것도 존재하지 않기 때문에, 성 정체성은 자연에 의해 산출된 성(sex)에 의해서 이미 완전히 결정되어버릴 것이다. 즉, 어떤 구별도 없게 될 것이다. 인간들에게는 오직 자연의 성에 의해 각인된 성 정체성을 그들의 관여 없이 성취된 토대, 즉 그들의 사유, 의욕, 감정, 행위의 요지부동의 토대로 수용하는 일만 남는다.

성의 정체성은 자연의 성을 통해 미리 각인된 것이 아니고 광범위하게 교육 과정들과 사회화의 과정들을 통해 그리고 그것들의 근저에 있는 사유 범례들과 행위 범례들을 통해 매개되는 것을 보브아르와 이리가레이는 확고하게 설명했다. 성 정체성을 보장하는 징표들은 획득된 규정들인 반면, 성은 그것의 특유성에서 남성적인 성과 여성적인 성으로서 시작된다는 점에서 그녀들은 출발함으로써, 이제 사람들은 그녀들이 실체의 모델을 중단하지 않고 단지 미루었다 것에 대해 이의를 제기할 수도 있다. 달리 표현하면 자연은 기체, 즉 '남성과' '여성'의 최초 창립자로 간주된다. 그러나 이 기체들에서 바뀌는 규정들의 창립자는 인간들이며 역사적으로 관찰하면 주로 남성들이다.

성과 성 정체성의 구별은 이분법적인 대립에 사로잡혀 있는 합리성의 결과이기 때문에 그것은 지양되어야 한다는 논제를 제기했던 여성 비판가들은 자연을 주체로 바꾼 위장된 앞서의 실체 모델을 반대한다. 그것은 동시에 남성들과 여성들의 (해부학적인) 구별이 또한 논란의 대상이 된다는 것을 물론 의미하지 않는다. 자연의 성(sex)이라는 범주가 어떤 방식으로든지 성 정체성을 처음부터 결정한다는 것, 더욱이 그 범주 일반이 개인의 정체성 이해에 하나의 역할을 하고 있다는 것만은 반박된다. 따라서 성 정체성의 두 유형에 관해 말하는 것은 중단되어야만 한다. 왜냐하면 성 정체성은 인간의 개개인들과 똑같이 다양하고 상이한 자기 형성의 창조적인 행동에 기인하기 때문이다.

자연의 성에서 문화의 성으로 비중이 옮겨가는 것과 관련해 여성 인류학자 보크(Ulla Bock)는 온건한 입장을 대표하며, 자웅동체를 인간 존재의 새로운 질을 도입해야 하는, 한계를 뛰어넘는 유형으로 표상한다. 그녀는 "자웅동체가 성들 관계의 해방적 발달 가능한 모델이 될 수 있는가?"[36]라는 물음을 특별히 제기하고, 동시에 자웅동체를 반음양, 혹은 동성 사이의 사랑, 이성 사이의 사랑과 혼동하지 말 것을 바란다. 그녀의 머리에 떠오른 것은 두 성별의 성의 본성을 원리로 삼은 남성의 담론들에서 벗어나지 못한 성 관계의 지금까지의 모든 문화적 코드화를 뛰어넘어 하나의 총체적인 성 역할의 정체성을 형성하는 하나의 "제3의 성"이다. "여성성과 남성성 사이에 하나의 연

---

36) U. Bock : 「자웅동체 — 남성과 여성의 변화된 관계에 대한 모델?」 『남성과 여성 — 여성과 남성』, 34-54 : 인용 37. 좀더 상세히(『자웅동체와 페미니즘 — 제도와 이상 사회 사이의 여성 운동』, 『여성 운동의 결과들』 제16권, 편집인 : FU Berin, Weinheim / Basel 1988).

속적인 것이 존재하고", 역사적인 담론을 거쳐 확립했던 "고정된 경계선이 여성적이고 남성적으로 코드화한 가치들 사이에, 여성들과 남성들의 삶의 공간들과 능력의 영역들 사이에"(47) 결코 없다는 것이 적중된다면, — 이 사실을 심리학과 동물학의 연구들이 증명한 것처럼 보인다 — 그때에는 "자웅동체의 인간은 실제로 인간다운 인간으로서 나타나며", "미래의 인간"(48)으로 나타난다. 따라서 보크는 남성과 여성의 변화된 관계의 모델로 자웅동체를 주장한다. 다시 말해 이 변화된 "관계 안에서는 양성들이 제한된 역할의 분배로부터 자유롭게 그들의 개별적인 능력들, 관심들과 욕구들을 발달시킬 수 있고 살릴 수 있다"(50). 그러나 성에 얽매이지 않는 암수 한 몸의 유형은 진화를 통해 가능하게 된 본래의 생물학으로부터 벗어남과 동시에 사고 전환을 또한 요구한다. 남성과 여성의 단순한 합계를 나타내지 않고 하나의 전체적인 새로운 구성을 나타내는 질적인 타종이 발생할 수 있기 위해서, "자연의 성 특징적인 고유성들"은 소위 말하는 그것들의 생물학적인 기체로부터 단절되지 않으면 안 된다(109).

저 앞에서 언급했던 위티크는 제3의 성 정체성뿐 아니라 성의 다원성에 대한 논증 면에서 보크보다 한 걸음 더 앞서간다. 그녀는 생물학적인 실체 모델에서처럼 모든 성 정체성을 자연의 성(sex) 범주의 결과로 돌리기 때문이 아니고, 자연의 성이란 범주가 벌써 문화적으로 생성되었고 그리하여 그 범주의 정치적 점령을 근거로 해서 바로 자연적이 아니라는 그녀의 생각때문에 성과 성 정체성의 구별이 지양되기를 바란다. 새로운 성 정체성의 제3의 유형으로서 그녀는 자웅동체 개인 대신에 여성 동성애자를 제안한다. 그녀는 이 제3의 유형에서 그 동성애의 여성을 생각하기보다는 이성애를 강요하는 사회의 사상에 따라 자신을 단순한 어떤 부분적인 것으로서, 보편적인 것에 복종된 것으로서 결코 이해하지 않고, 자신을 불가분적인 전체로 이해하는 허구적 성을 생각한다. "남성들은 보편적인 것에 대한 능력을 가지고 세상에 태어나지 않았다는 것과 여성들이 태어날 때부터 단순한 부분적인 것으로 환원되어 있지 않음을 우리는 알아야만 한다. 보편적인 것은 남성들에 의해 독점되었고, 또 아직도 항상 매순간 독점된다. … 자신에 대해 총체적 — 즉, 성적으로 무규정적인(문화적인 성 이전의 원형의 성), 보편적이고 전체적인 — 주체가 아니고서는 나는 결코 여성을 말할 수 없다."[37] 성적으로 규정된 성별의 이분법적인 성을 파괴하기 위해 위티그는 성 정체성을 다양화해야 하는 여성 동성애를 제안한다. "우리에게는 하나의 혹은 두 성 정체성이 존재하지 않고, 많은 성 정체성들이 개인들처럼 너무나 많은 성 정체성들이 존재한다."[38] 주관의 정체성이 성을 통해 결코 매개될 수 없는 한, 여성 동성애자의 유형은 질적으로 새로운 어떤 것을 표현한다. 그럼에도 불구하고 반드시 다시 합일되어야 하는 분리된 것 대신에 하나의 전체가 들어서고, 이 전체와의 대립 가운데 분리 독립된 많은 징표들이 생긴 대신에 무한히 다원적인 방식으로 분리 독립하는 하나의 전체가 들어서기

---

37) M. Wittig : 「Gender의 특징」, 『페미니스트의 이슈들』, 5, 2 (1985) 6.
38) M. Wittig : 「패러다임」, 『남성 동성애자와 불란서 문학』, 편집인 : E. Marks / G. Stambolian, Ithaca 1979, 119.

때문에, 주관을 분쇄하는 이원성이 중요시됨과 동시에 동일성의 범주는 진부하게 된다.

이제 자웅동체 혹은 여성 동성애로 파악되어버린 제3의 성의 계획에 반대한 항의들은 여러 관점들에서 제기될 수 있다. 예를 들어 생물학적 시각에서 빅클러는 성 차이 극복의 이러한 시도들이 어떤 새로운 내용을 갖지 못하고, 진화에서 이미 예정되었다는 것을 지적한다. 성에 얽매이지 않는 인간 개개인의 완전성과 전체성으로의 진출은 자체에서 분열되지 않았던 성 이전의 원형의 성을 다시 획득하려는 시도며, 그런 성의 총체성은 기획으로서 미래에 투영될 수도 있을 것이다. 그에 반해 다시 다음과 같이 주장될 수도 있다. 간파될 수 없는 의식 구조와 사유 유형에서 합리성 이전의 발달 과정으로 거슬러가는 앞에서 비판받게 된 퇴행적 전이 방법 때문에 극도로 의심스러운 상황이라 할지라도, 분할될 수 없는 전체성이 이원성과 분열성의 틀 안에서 가설적으로 재구성되는 근원적인 형식에서가 아니라 이원성과 분열성을 뛰어넘어서 목표로 설정됨으로써 결정적인 차이는 자연이 진화 가운데 무의식적으로 도달하는, 바로 분할될 수 없는 전체성이 이제는 의식과 함께 결국 추구되는 데에 있으리라는 것이다.

자웅동체의 유토피아에 반대하여 여성 심리분석학자 크리스테바(Kristeva)는 자웅동체 안에는 무의식적으로 혹은 또다시 남성 중심적인 세계상이 관철되어 있고, 그럼으로써 여성의 차별이 다른 개념들과 함께 지속하고 있다는 이의를 제시했다. "남성에서는 여성적인 것의 흡수로, 여성에서는 여성적인 것의 은폐로 자웅동체의 본질은 여성성의 도덕적 책임을 확인한다 : 자웅동체는 여성으로 위장된 남근이다. 자웅동체는 차이를 무시함으로써 여성성의 파산을 돕는 가장 교활한 변장이다."[39] 남성이 이성의 간교를 통한 자웅동체를 독점하는 이 위험은 피할 수 없이 명백하다. 또한 단지 기호 표시체는 혼란을 주고 또 오용될 수 있다. 그와는 달리 기호의미부는 완전히 추구할 만한 가치를 지닌 삶의 형식일 수 있다. 모국어에 대한 차이의 조화로운 이해를 통해 극복될 수 있는 상이한 의미를 갖고 있는 새로운 언어의 학습과 새로운 언어의 몸의 학습에서 크레스테바 자신은 개혁의 기회를 본다. "자신의 모국어를 말하지 않는다. 몸의 밤의 기억으로부터, 어린 시절의 고통스럽고도 아름다운 잠으로부터 차단된 음색과 논리들에서 산다. 그러나 여러분들은 여러분들에게 하나의 새로운 몸을 창조해준 … 새로운 피부와 새로운 성을 부여해준, 이 새로운 예술 형식에 완전히 익숙할 수 있게 될 것이다."[40]

"위티크가 동일성 범주들을 뛰어넘어 하나의 경험을 제공하는 데서, 다시 말해 낡은 범주들을 폐기하고 새로운 범주를 창조하기 위해 성애적인 투쟁을 제공하는 데서, 문화 영역 안에서 육체로 있는 새로운 길들과 서술의 완전히 새로운 언어들을 제공하는 데서"[41] 버틀러는 위티크의 허구의 강점을 본다. 다른 한편으로 그녀는 위티크의 여성 동성애적 페미니즘에서

39) J. Kristeva : 『사랑의 역사들』, Frankfurt a.M. 1989, 73.

40) J. Kisteva : 『우리 자신은 타인들이다』, Frankfurt a.M. 1990, 24.

41) J. Butler : 「성들의 불쾌」, 188.

새로운 절대화의 위험을, 이번에는 이성애적 사랑의 정체성의 낡은 범주들과 똑같이 강제적일 수 있는 여성 동성애 범주의 절대화의 위험을 본다. 정체성의 이유를 나타내는 개념으로 자연 성(sex) 범주의 중단과, 그것과 관련되어 있는 이분법적인 성 확정의 해체가 버틀러에 의하면 "주관과 주관의 보편적인 진리 추구 전술의 탈중심주의"[42]를 통해 더욱 효과적으로 일어난다. 즉, 바뀐 술어들을 기초하고 있는 동일한 기체로 작용하는 주체 개념 대신 아직 점령 안 된 빈곳이 반드시 들어서지 않으면 안 된다. 그곳은 여러 논의들의 교점으로 각자의 새로운, 스스로 선택한 개인의 정체성 규정을 위해 역사적으로 열려 있다.

3) 몸의 상연들

여성적인 것의 범주가 하나의 구성, 하나의 예술 작품이라고 전제한다면, 여성의 신체는 성적인 담론에 의해 상연된다고 말할 수 있다. 이때 로고스 중심적이고 그 자체가 남성 중심적인 선택 관점에서 발달된 여성적인 것의 상투적인 틀들은 희곡 작법상의 지침으로 기능을 발휘했고, 그 틀들의 다양성은 성녀에서 창녀에까지 이른다.

브라운(Braun)은 히스테리의 예에서 남성의 사유가 여성에게서 일으키는 히스테리를 통해 여성의 육체를 어떻게 만들었고 또 변형시켰는가를 밝히고,[43] "남성 중심적인 추상 가치 서

---

42) 앞의 책. 175.

열"(11)의 기준을 통해 남성 자신의 태도를 어떻게 제한했던가를 밝힌다. 따라서 그녀는 "서구 문화의 역사를 성 존재로서의 인간 부정 역사로"(15) 이해한다. 히스테리 상태에 빠지는 것은 추상적인, 비역사적인, 성이 없는 "나"를 위해 개별적이고 역사적인 나를 성적인 특수성과 함께 희생하게 함으로써 언어를 몸(발작)으로 바꾸는"(12) 하나의 방법으로 로고스(15)를 통해 정신을 육체에서 분리시킨다. 부인의 재생산 기관, 자궁(그리스어로 hystera)은 말하자면 남성의 머리로 이전되고, 남성의 정신은 육체가 없는 로고스로서 본래의 창조적인 잠재력을 부여받아 유지된다. 반면에 이 일을 통해 제외된 질료, 즉 정신을 상실한 동물적인 본성은 여성에게로 맡겨진다.

"히스테리는 ⋯ 문자와 함께 발생한다. 그것은 정신과 물질의 분리, 머리와 몸의 분리, 추상 과정에 대한 반작용으로서 발생한다"(128). 브라운에 따르면, 히스테리는 병이 아니고 자아 말살에 대한 분노의 표현이다. 히스테리의 여성들에게 가정되는 무-자아의 현상은 "구체적 나를 추상적 나에게 복종시키는 것의 거부며, 완전한 반(反)성적인 자아를 위하여 성 소속성의 포기와 불충분성의 포기를 거부하는"(69) 시위일 뿐이다. 이른바 히스테리 여성의 비합리성과 무두뇌성은 따라서 자아를 존재하지 않는다고 선언하고, 그 자아 대신 단순한 꼭두각시를 대체하는 추상적인 자아의 지배에 반대한 시위로 읽혀야 한다. 이것은 오직 자동 기계 장치 안에서 자신을 창조자로 재인식할

---

43) Ch. von Braun : 『나는 아니다 : 논리학, 허위, 성애』, Frankfurt a.M. 1985, 13.

수 있는 메커니즘화되는 오성의 가설이다. "로고스를 창조했던 성 존재"(183)의 인위적 구성물로서의 히스테리 상태의 "음경의 여성"(184)에 대한 히스테리적인 반작용은 근본적으로 건강의 표현이지 병의 표현은 아니다. 그녀는 구체적 자아의 부정과 자아의 성적인 관점의 상실과 연관되어 있는 정체성의 상실에 반대하고 또한 로고스가 정액으로 바뀔 때 일어나는 남성과 여성 차이의 소멸에 반대한다. "차이가 결코 더 이상 존재하지 않는다면 도대체 성별 일반은 존재하는가? 아니면 양성이 분리될 수 없이 서로 하나로 되는 차이가 존재하는가? 성별은 융합되어 하나로 되어버렸다. 남성의 성 정체성은 여성 안에 있고 여성에 의해 구현되기 때문에, 그리고 여성의 성 정체성은 로고스에 고용된 여성의 '총체적' 성의 생성에서 받아들여지기 때문에 남성적인 성 존재도 여성적인 성 존재도 존재하지 않는다. 그렇게 됨으로써 남근을 '갖는' "주체"는 존재하지 않고, 두 성의 존재가 분리될 수 없게 되고, 구체적인 자아에 대해 어떤 권한도 갖고 있지 않는다는 사실에서 자신의 힘을 얻어낸 로고스만이 존재한다(189).

라캉의 여성 제자 이리가레이처럼 크리스테바는 언어 가운데 기록되어 나타난 권력 구조를 추적함으로써 여성 정체성의 문제를 똑같이 상징적인 작용으로 해독한다. 언어를 구사하지도 못하고, 사회적인 정치 분야에서도 권력을 행사할 위치도 못 되는 — 언어학적인 것의 언어 이전 단계의 기능으로 환원된 — 여성은 그 자신 뜻과 의미를 산출할 수 없는 기존의 언어 체계와 권력 체계를 받치고 있는 버팀목으로서의 무대 위에서 묵

묵히 단역 배우로 봉사한다.44) 여성 혁명가로서의 히스테리 여성론자는 여성의 전통적 역할을 박차고 나와 스스로 말하는 것을 시도하는 반면, 페미니스트들은 "모순이 없는 상상적 사회에 대한 난문제의 해답이어야 하는, 오직 여성들의 성원으로 이루어진 조화로운 사회의 약속된 땅에 결국 도달하기 위해"(40) 권력과 여성의 동일성의 확인에 온힘을 다했다. 이 유토피아적인 상상 안에서 힘의 새로운 전체주의의 위험이 서서히 다가오는 것을 크레스테바는 본다. 왜냐하면 "이러한 공상적인 공동체에는 항상 아버지적인 수식어가 붙은 부권적 어머니가 있기 때문이다"(앞의 책). 그것에 반대하여 남성들의 힘에 여성들의 힘을 대항시키는 것을 그녀는 제안하지 않고, 내면으로부터 우러나오는 언어 이전에 있는 것과 언어 밖에 있는 것의 언어화를 통해 남성들이 주도하는 담론을 파헤치는 것, 즉 하나의 새로운 언어를 창안하는 것, 그리하여 그것을 통해 "사회의 상징적인 코드를 바꿀 것"(47)을 제안한다. 새로운 전체주의를 초래하지 않는 오직 하나의 문명이 이루어진다면, 여성들은 새롭게 획득한 그들의 언어 능력을 가지고 그들의 상황의 고유성을 표현할 수 있고, 동등한 권리를 가지고 문화적 생산에 참여할 수 있다.

물론 크리스테바보다 더 공손하지 않은 "대부 라캉"의 영향을 받고 있는 식수(Cixous)는 존재론적으로 고정된 주관성의 구조를 그것의 계급 조직적인 대립들과 함께 일종의 다른 종류

---

44) J. Kristeva : 「Eliane Boucquey의 인터뷰」, 『인식의 열매를 따먹는 것 ─ 반문화적인 여성의 실제』, Berin 1977, 37 이하.

의 언어 조직을 통해 파괴하고자 한다. "선험적인 기호표시체"(라캉)로서의 남근이 정당성을 부여한 남성 우위의 입장을 이용해 여성에 대한 자신의 상을 여성의 성에다 기입하기 위해서, 남성의 담론은 성별의 차이를 자연에 의해 주어진 것으로 견지하려 하고, 말하자면 차이를 존재에서 확정하려 한다. "그러므로 이런 종류의 일을 관련시키는 변증법적인 운동에 스스로 사로잡히기도 하고, 스스로 어떤 결과를 얻어내기도 하면서, 남성은 그의 여성을 만들고 제조한다. 문화에서 절대적 여성은 가장 강력하게 자신을 대표하는 여성이고 … 남성다운 것의 착취로서 여성다운 것에 가장 가까운 여성이며, 실제에서 참으로 히스테리론의 여성학자임을 우리는 말한다. 남성은 그 여성에서 그의 상을 만든다."45) 식수에 따르면, 몸에서 "남근우위주의를 해체"하기 위해 여성은 언어적으로 자기 자신을 생산하지 않으면 안 된다. 존재하는 모든 것의 근원에 대한 물음에 집중하는 대신에 — "근원은 남성의 신화다"(118) — 여성은 단초의 문제에 집중해야 한다. "특히 내가 무엇을 '차이의 긍정'이라고 부르는가를 고려해야 한다. 미라로 만든 여자 시체를 지키는 어떤 사람과 여성 참수의 현혹된 묘사에 주의하지 말고, 완전히 그 반대, 즉 전진과 모험, 여성 힘들의 탐색 그리고 여성들의 힘, 그녀들의 강함, 그녀들이 항상 두려워하는 폭력과 여성성의 영역 탐색에 주의해야 한다. 자신을 쓰기 시작하는 그리고 여성의 상상을 구성하게 될 … 어떤 것이 존재한다. 그것은 남성

---

45) H. Cixous : 「성인가 혹은 머리인가?」, 『미학 — 오늘날 지각 혹은 다른 미학의 관점들』, Leipzig 1990, 98-122 : 인용 106.

적인 것이 제안한 상에 의해 결코 소외되지 않고, 반대로 여성을 위한 형식들을 발견하게 될 한 자아를 확인하는 장소가 존재한다. 이 여성이야말로 끊임없이 행위의 도상에 있는 혹은 내가 오히려 상상하고 있듯이 '편력하면서 / 탈취하는', 누어버린 대신 전진과 도약에서 자신을 찾아다니는 여성이다"(117). 식수는 이 시도를 여성 텍스트의 신체 규정이라고 부르고, 몸이라는 텍스트는 결코 끝이 없고 최후까지 열려 있는 것을 통해 특징지어져 있다. 이와는 반대로 단초는 글을 써서 획득되는 것이 아니고 듣고 획득되지 않으면 안 된다. "여성 텍스트에는 감정, 하나의 감동이 존재한다. 이 감동은 청각을 통해 가능하다. 여성적으로 쓴다는 것은 상징적인 것과 분리되어 있는 어떤 것을 바로 드러나게 하는 것을 의미한다. 다시 말해 어머니의 목소리를 드러나게 하는 것은 태고의 것을 드러나게 하는 것을 의미한다. 가장 태곳적인 힘이 하나의 몸을 자극하고 청각을 통해 들어오며 가장 깊은 내면에 도달한다. 가장 내면적인 것의 이 감동은 항상 여성의 텍스트에서 공명한다"(119). 식수에 따르면, "여성의 성은 항상 양성애적"(121)이기 때문에, 여성이 여성의 몸에 써넣은 것 같은 여성의 텍스트는 성의 차이와 엇갈려 있다. 이때 여성의 성은 양성애에서 일반적인 언어 사용과는 달리 "타자로 자신을 연장하는, 즉 타자와 관계하고 있는 가능성을 이해하고 더구나 타자를 파괴하는 일 없이 내가 타자로 이행하는 방식에서 모든 것을 다시금 나에게로 환원시키려 시도하지 않고, 그가 / 그녀 / 그것이 존재하는 곳에서 나는 타자를 찾으러가는 방식으로 타자와 관계하고 있는 가능성을 이해한다"(앞의 책).

몸은 결코 확정되어 있는 어떤 것도 아니며, 그 자체로 대화적 실행 방법에 의한 성 정체성의 표시들을 통해 비로소 새롭게 확립된다는 명제를 가지고 버틀러는 몸의 상연들의 다양성을 완성한다. 따라서 몸은 성 정체성의 표시들이 기입하게 될 하얀 백지의 유사성에 따라 표상되는 문화적이고 정치적인 하나의 가설이다.46) 비어 있는 백지와 유사성은 또한 아무것도 기록되어 있지 않은 백지 혹은 몸에 어떤 존재가 들어간다는 것이 가정되기 때문에, 저 표상은 버틀러에게는 아직도 충분하지 않다. 따라서 그녀는 질문한다. "무엇이 몸을 그것의 표시에 앞서서 일어나는 모든 가치들을 갖지 않는 단순한 사실로 표시하는가?"(191) 그녀의 대답은 그녀가 결국 신체 개념을 중지하고 성적으로 규정된 신체들을 몸의 양식화, 즉 자기 양식화로 파악하는 결과를 초래한다. "그러므로 우리가 성 정체성을 … 지향적이기도 하고 수행적이기도 한 몸의 양식, 말하자면 하나의 행동으로서 파악하고 하나의 행위로서 관찰한다면, 그때 '수행적'이라는 개념은 의미가 상연된 부수적인 구조를 가리킨다"(205). 그런데 성 정체성이 수행적 행위들의 결과로 곧바로 나타나지 않고 그것과는 반대로 해부학과 관련해서 전통적으로 설명되는 어떤 고정적인 것으로, 불변적인 것으로 보이는 사실을 버틀러는 성 정체성이 양식화된 행동들의 반복을 통해 구성되고, 이때 그런 행동을 통해 산출된 연속성은 하나의 자연에 의해 주어진 고유성의 자기 관철이라는 오해의 결과에서 온다고 본

---

46) J. Butler : 「성들의 불쾌」, 192.

다. 따라서 버틀러에게는 "성적으로 규정된 정체성의 토대는 외견상 중단 없는 동일성이 결코 아니고 시간 속에 행위들의 양식으로 표현되는 반복"(207)이며, 그러나 바로 이 반복은 이미 변경할 수 없이 먼저 규정되어 있는 자연적 실체로 된 신체 기체에 대한 환상을 불러일으킨다. 몸의 표시에 앞서 존재하는 나 자신은 결코 존재하지 않고, 행위의 배후에 어떤 행위자도 존재하지 않는다. 몸에 써넣는 행위와 동시에 몸이 형성되고, 그 행위와 함께 자아, 자기 자신 그리고 행위자가 형성된다. 몸이 수행적으로 상연되는 바와 똑같이 몸은 그렇게 존재하며, 더구나 성별의 몸으로 다른 사람들 가운데 존재한다.

성의 정체성은 카프카의 유형지에서 보듯이 "고문 기구가 피고의 살에다 암호를 풀 수 없도록 새기는 것과 같이, 몸에 기록되는 것이"(214) 아니라고 버틀러가 말할 때, 그녀는 또 한 번 일어날 수 있는 오해를 거부한 것이다. 성의 차이 그리고 그것과 연관되어 있는 성 정체성이 존재론적-자연적인 소여성으로 상연되는 것처럼 보이게 하는 그런 전략에 대한 시각을 자유롭게 갖도록 하기 위해 그녀에게 중요한 것은 "성적으로 사실적인 것"은 해체해야 할 실체에 대한 하나의 환영적 구조이고, 하나의 환상이라는 것을 밝히는 일이다. 몸이 탈존재화되어 있을 때 그리고 강력한 부권적 상연의 결과로서 간파되어 있을 때, 비로소 여성의 자기 상연의 방법들이 전망될 수 있다. "자연적인 것으로서 몸 표면들이 상연되는 것과 똑같이 몸 표면들은 반대로 자연적인 것의 수행적인 상태를 폭로하는, 불일치의 탈자연적인 퍼포먼스의 무대로 될 수 있다"(앞의 책). 성 정체성은 결코 존재하지 않고 자연적인 성을 갖춘 몸도 결코 존재하지 않는다. 몸과 정체성은 처음에 시작되는 담론에서 비로소 계획되고 고안된다.

외견상 가장 자명한 것, 즉 남성과 여성의 자연적인 이원성에 근거한 성 정체성이 하나의 선 판단에 불과하다는 것, 즉 해부학적으로 소위 말하는 남근을 갖추고 있는 그러한 인간 존재의 자기 이해를 보장해야 하는 남성의 자기 투영에 근거한 실체화에 불과하다는 것을 브라운, 크리스테바, 식수는 다양한 성향의 관점들에서 증명함으로써, 그녀들은 글자 그대로 여성들의 몸에 쓴 그들의 연구에서 상당한 진상 규명을 했다. 위의 남성 존재의 정체성을 보장하기 위해 남근을 갖고 있지 않는 사람에 대한 남근적인 것의 우세와 우월성을 고정시키는 것을 겨냥한 담론 전략을 사용하여 인류의 다른 절반이 제외되어버린다. 어느 한편의 이익을 위해 다른 한편을 희생하기 위해서 상연된 양성의 특성 — 전문가들의 일치되는 요구가 그러하다 — 이 존재하는 방식, 즉 한 편의 드라마로 반드시 보아야 한다. 이 드라마에서 여성의 성 정체성 가설에 의한 여성들의 가치 폄하와 억압이 성을 전형으로 하지 않는 로고스의 이름으로 나타나는 남성적인 성의 부정과 결부되어 있는 한, 여성들뿐 아니라 남성들 자신도 상당한 손실을 기록하지 않으면 안 된다.

제2장
고전 철학의 남성중심주의에서부터 그 해체에 이르기까지

위대한 사상가들이 이론과 실천 분야에서 여성 존재의 독립성을 증명하지 못하고, 여성적인 존재의 무능력에 관해 다소 조심성 없이, 말하자면 때때로 무성의하게 표명했는데, 그때 표현된 여성들에 대한 비방과 배척의 문제를 가지고 시간을 낭비하는 것은 오늘날의 관점에서 가치 있는 일이 아니기 때문에, 철학적 사유의 대가들이 여성 자체에 말했던 것을 잊어버리는 것이 더 좋을 법하다. 이런 비평의 바탕에는 (여성들의 "자연적인" 불이익에 대해) 함께 고뇌하는 유감과, (남성들의 특권을 주제넘게 요구한 여성들에 대한) 극단적인 거부도 들어 있다.1)

---

1) 이 점에 관해 두 가지 예를 들면, 쇼펜하우어는 여성을 천성적으로 수동적인 존재로 본다 : "여성은 위대한 정신적인 육체적인 노동을 하도록 운명을 타고나지 않았다. 여성은 삶의 빚을 행동을 통해서 갚지 않고 슬픔을 통해서 갚고, 출산의 고통과 아이의 양육, 남성에의 복종 … 을 통해서 갚는다"(『소전

언어 비판적인 페미니즘 여성학자들의 견해에 따르면 부권적인 판에 박힌 역할들을 비웃는 대신, 표면상 사실적이고 객관적인 성 중립적 인식들을 중시하는 바로 그곳에 은폐되어 있는 남성중심주의를 밝혀내는 일이 훨씬 더 값있다. 카바레로(Adriana Cavarero)는 이와 관련해서 철학적인 언어에 극단적인 비판을 가했다. 심지어 "나"와 "인간" 같은 보편적인 철학적 표현들이 결코 성을 포용하는 중립적인 것이 아니고, 위장된 남성 담론에서 유래한다는 증명을 시도한다. 철학적인 배후의 측면에 성 특징적인 특수성은 결코 논의되지 않음으로써 그 결과 철학의 숙고에서 남성과 여성의 사유는 차별하지 않고 일치한다는 것을 위장된 담론은 은연중에 가정한다. 이에 반대하여 카바레로는 예를 들어 "인간"이란 개념은 남성적 자기 이해의 보편화의 결과이고, 동시에 인간의 존재는 남성 존재의 보편적 존재 이외의 어떤 다른 것을 내용으로 하고 있지 않다고 반박한다. 여성들도 성 차이의 근원의 문제도 똑같이 추상화 과정의 시작 전의 남성 시각에는 확실히 없었기 때문에, 여성들은 소위 말하는 "인간"이란 중립성에서 여성 특수성의 자신을 되찾을 수 없다는 결과를 여성의 자기 이해는 초래한다. "남성적

집과 보유들』, §363, 『전집』 제5권, 720). 아리스토텔레스는 여자가 정치적으로 활동한다면, 그것은 반자연적인 것으로 보았다(*Politik* (I), 12, 1259 b2-3). Max Planck도 솔직히 다음과 같이 보완한다 : "아마존 여자 무사들은 또한 정신적 분야에서 반자연적이다"(『학문적 연구와 직업에서 갖는 여성의 능력에 대한 탁월한 교수들, 여성 교사들, 저자들의 평가보고서』, 편집인 : Kirchhoff, Berlin 1897, 256). 전체적으로 참조될 것에 관해선 Annegret Stopczyk의 요약과 설명과 함께, 『철학자들은 여성들에 관해서 무엇을 사유하고 있는가?』, München 1980 참조.

한계가 있는 것을 보편화하는 논리 과정에 여성적 한계가 있는 것은 실제로 없고, 마지막에야 비로소 그것은 이 과정 밖에서 발견되고 이 과정에 합류된다."[2] 철학적인 담론에서 사상가는 보편적 인간의 개념에서 남성적 성을 절대화하고, 그 개념은 우연히 그리고 나중에 성적인 개인들에게 전이된다. 남성은 보편적인 인간 / 나 / 주관에서 아무런 문제없이 자신의 구체적인 정체성을 다시 획득할 수 있는 반면, 로고스로의 길이 성의 차이를 무시하는, 로고스 자신을 대표로 하는 합리성의 파악에서 출발점을 삼았기 때문에 여성의 구체적 정체성은 여성에게 이루어지지 않는다. 따라서 카바레로에 따르면, 여성은 자기 스스로 사유하는 것으로 경험하지 않고 남성에 의해 사유된 것으로 경험한다. 여성은 자신의 본질에 대해 자신의 입장을 말하는 자신의 담론과 논리학을 사용할 수 없다. 여성은 침묵하도록 운명지어 있거나 기껏해야 자신의 것이 아닌 언어의 낯설음, 사유와 분리되어 있는 존재의 경험 그리고 언어로부터 제외된 존재의 경험을 표현할 수 있다.

여성은 남성의 담론에서 함께 생각하지 않는 타자, 제외된 타자, 더 말할 나위 없이 "완전히 지워져버린" 타자라는 것을 인식한 후로, 한편으로는 남성에 대한 관계에서와 다른 한편으로는 여성에 대한 관계에서 분리시키는 것과 결합시키는 것을 충분히 사유할 수 있기 위해 여성은 자신의 타자성에서 자신을 긍정하지 않으면 안 된다. 카바레로는 구약성서 창세기의 본문

---

2) 카바레로 :「성 차이 이론의 발단들」,『디오티마(Diotima) : 인간은 둘이다 ― 성 차이의 사유』, Wien 1989, 65-102 : 인용 67.

에 대한 한 여론에서 설명한 유사성의 개념을 가지고 타자성 속에 자신의 긍정을 설명한다. 그녀가 대표하는 논제는, 남성과 여성의 신과의 유사성이 양성이 갖는 신의 유사성과 동일하다는 점에 확립되어 있다. 아담만이 신과 직접적인 유사 관계에 있고, 이에 반해 이브는 아담에서 파생되었으며, 이를 근거로 직접적으로 오직 아담만을 닮는다는 오해와 그녀가 보기에는 오직 남성을 매개로 한 신의 유사성을 말할 수 있다는 오해에 대해 그녀는 항의한다. 카바레로는 예수 그리스도를 여성이 그 안에서 그의 수난을 통해 여성 자신을 되찾는 초역사적인 신으로 이해한다. 일반적으로 그녀는 다음과 같이 종합한다. "따라서 유사성은 같은 것과 다른 것을 결합시키고, 그리하여 오직 이 관계에서 의미 자체로 존재하는 참다운 의미를 그것들의 각자에게 부여하는 구조적으로 하나의 매체다."[3] 카바레로에게 이원성은 일자(一者), 자기 자신, 동일한 것의 논리학과 비교하여 더 근원적인 것이다. 이 이원성은 양자의 성별을 연결하는 것이며, 그들의 비유사성에서 양자의 성별을 서로 유사하게 만드는 것이다.

여성들의 대화와 밀접하게 연결되어 있는 일상적인 언어의 담화 일반이 — 얼마나 여성 자신과 관계되고 자기 자신을 반성시킨다 할지라도 — 사상가의 철학적 담론에 도대체 수용되었는가가 의심스럽다 할지라도, 어쨌든 소크라테스 이전의 사상가들과 플라톤의 많은 비유들에서 볼 수 있는 바와 같이, 철학이 유사성에 비롯된 원래의 사유로부터 사물 자신을 변화 없이

---

3) 앞의 책, 98.

고수하는 사물의 본질로 발전했다는 점에서 카바레로는 옳다. 고대 철학의 로고스중심주의는 이론 영역에서나 실천 영역에서나 인식과 행동의 관점에서 중대한 것으로서 오직 "이념"을 전제한 역사가 없는 가설만을 승인하는 본질주의와 결부되어 있다. 이러한 이념을 표준으로 적용하면, 모든 경험적인 것은 완전히 포기하지는 않는다 하더라도 그것은 하위 등급이 되어 버린다. 이 본질주의는 현재에 이르기까지 철학적 체계에 영향을 끼쳤다. 사물의 본질에 대해 경험적으로 주어진 개별적인 사물의 질과 현실적으로 존재하는 인간 상호간의 모든 관계들을 대립시킨 유물론적이고 실존 철학적인 방향을 설정한 이론들로부터 본질주의는 비판을 경험한다.

1. 본질주의 윤리학의 근본 특징들

본질주의 윤리학의 유형은 인간 행위가 원리들로 환원되는 특징을 나타낸다. 그 원리들의 규범성 내지 절대적 타당성은 시간-공간적으로 제약된 모든 것으로부터의 독립과 동시에 초시간적인 존엄성이 주어지게 되는 어떤 것을 근거로 하고 있다.

1) 일원성의 형이상학적인 개념

플라톤은 절대적인 것을 이데아로 표시함으로써 귀납법을 통해 획득되는 보편적인 개념을 생각함이 없이 선험적인 인식 원리를 생각했다. 그 원리를 매개로 해서 사유와 행위의 대상들은 무엇보다도 먼저 존재하는 것으로 또는 마땅히 행해져야 하는 것으로 확립된다. 따라서 이데아들은 사물들로부터 이끌어내질 수 없다. 오히려 인간은 항상 이데아들의 원형을 경험적인 것의 밖에 두고 있지 않으면 안 되는 이데아들을 통해서, 말하자면 이데아들의 경험적인 모상에서 오직 불안전하게 현상하는 것의 원형들로서의 이데아들을 통해 항상 행동하고 인식한다. 플라톤은 인식과 행위의 근거를 확립하는 원리들로서 이데아들의 태생을 오직 신화를 사용하여 설명할 수 있다 : 천상에 있는 영혼은 태어나기 이전의 관조에서 이데아들을 소유하기에 이른다. 그리고 영혼이 육체에 들어올 때, 이 앎의 대부분이 영혼으로부터 사라진다 할지라도 영혼이 육체적 감각을 통해 매개된 자료들의 구조화를 시도하자마자 영혼은 어느 정도 분명하게 이데아들을 상기한다.

영혼의 논리적 능력은 따로 있는 것, 흩어져 있는 것, 다양하게 있는 것을 통합하는 방법을 알고 이념의 일원성 아래 종속시키는 방법을 알고 있는 점에 영혼에 내재된 논리적인 능력의 결정적인 업적이 있다. 일(一)과 다(多) 사이의 여러 가지 다른 입장에 대해 찬반을 취하는 로고스는 변증법적인 방법을 정착시키고, 이런 변증법이 진행되는 가운데 우주는 내적이고 외적인 의미를 갖는 연관으로 형성된다. 근원에 놓여 있는 원리로 다양한 것을 환원시킴으로써 제일 먼저 우주가 질서를 갖추는 '아름다운' 전체로 존립하고, 그런 전체 구조가 또한 인간의 존재를 규정한다.

소크라테스가 그의 이야기 파트너와의 대화에서 모범적으로 실행했던 것 같은 최초의 변증법적 사유 운동은 로고스가 활동한 공간의 양극이 동등한 권리를 가지고 서로 공존하게 했다 : 다자는 하나의 의미 전체가 되기 위해 일자(一者)를 필요로 했다. 그와 똑같이 반대로 일자는 자신의 의미 부여의 기능을 수행할 수 있기 위해 일자는 다자에 의존했다. 보편자는 형식을 부여하는 요소로서 특수자에게 의미를 갖고 있으며, 특수자는 다시금 보편자에게 형식을 필요로 하는 내용을 주었다. 보편적이고 일원성을 부여하는 한쪽의 극-이데아를 변증법적인 관계로부터 해체해서 그 자체로 정립하고 그 극에게 특별한 품격을 갖도록 한 사람은 바로 플라톤이었다. 이데아로서의 극은 경험적인 것에 혈통을 갖지 않고 우라노스(Uranos)의 혈통에 근거하여 경험적인 것보다 무한히 우월하기 때문에, 이데아는 본질적인 것의 총괄 개념으로 상승된다. 이 개념에 비교하여 질료적인 것에 깃들어 있는 이념의 다양한 각인들은 소홀히 해도 되는 어떤 가치, 바로 경멸할 것으로 하락한다.[4]

---

4) 대화 *Phaidon*은 죽음을 배우는 논제를 통해 이 입장을 특히 인상적으로 기록하고 있다. 그 논제의 내용은 다음과 같다 : 인간은 죽음 이후 육체로부터 영혼의 분리를 가볍게 하기 위에 이미 이 세상에서 이론적 영역에서도 실천적 영역에서도 경험에 의해 오염되지 않는 순수하고 정신적인 초월의 형상들과의 교제에 정통해야 한다. 진리를 구하는 데에서 육체의 의미는 오류에 빠지고, 따라서 사람들이 사물의 본질에 도달하려면 감성적으로 주어진 것을 도외시해야 하는 것처럼, 덕을 갖춘 사람은 모든 감성적인 것을 거부해야 한다. 소크라테스 : "소위 말하는 기쁨, 밥과 술을 먹는 기쁨을 위해서 수고하는 것이 철학자에게 마땅한 일처럼 네게 생각되는가? (…) 혹은 성의 욕망에서 오는 기쁨을 위해서? (…) 몸을 위한 그와 같은 일에 전념하지 않고, 가능한 한 몸에 등을 돌리고 영혼에 전념한다는 환상을 너 자신이 갖고 있지 않는가? (…) 그러므로 이 점에서 철학자는 그 밖의 모든 다른 사람들 앞에서 영혼

이념으로의 이 중점 이동, 그리고 그와 관련해서 독립적인 존재와 하나의 가치 자체가 수반되는 어떤 것으로서 일자, 보편적인 것, 본질적인 것의 우대를 사람들은 플라톤적이고 이에 추종하는 본질적 성향을 기준으로 하는 모든 철학의 남성 중심적인 것의 핵심으로 표시할 수 있다. 인간 세계에서 일어난 사건을 훨씬 뛰어넘어 지니게 된 특별한 가치와 품격을 승인하는 것은 남성적인 정립이고, 그런 정립에서 고대 철학자는 자기 자신을 근거로 하거나 남성적 천성을 근거로 해서 높이 평가하였던 어떤 것 자체를 정립했고 그것을 초경험적인 존재로 표명했다.

고대의 남성 중심주의적 철학함의 확실한 예는 대화 『향연』에 있다. 소크라테스가 아니라 향연의 참가자 중 한 사람인 파우사니아스(Pausanias)가 증인의 역할을 할 수밖에 없다 할지라도, 그의 논제와 논증은 전형적인 남성주의를 증명하는 논증의 모범으로 내세울 만하다. 대화 주제는 성애적인 것이다. 첫 연사 파이드로스(Phaidros)는 인간에게 영향을 주는 성애적인 본능을 에로스 신에게로 환원시키고, 동시에 사랑은 신적인 것으로 입증한 후에, 두 번째 연사 파우사니아스는 "천한"(육체적인) 사랑과 "천국의"(정신적이고 영적인) 사랑의 구별에 대한 설명을 시도한다.5) 그러기 위해서 그는 성애적인 것의 원인이 되는 원리들의 역할을 하는 서로 다른 두 신들의 형태를 끌어들여 설명한다. 두 여신들이 어떻게 태어났으며, 어떤 에로스에

으로서 육체와의 공동체에서 벗어나고 있는 것을 보여주고 있다"(플라톤 : Phaidon, 64d-65a).

51) 플라톤 : 『심포지엄』, 180c-184a 참조.

서 출생했는가에 근거하여 우열을 평가하며, 나이가 더 많고 더 선량한 아프로디테(Aphrodite)와 나이가 더 어리고 더 사악한 아프로디테를 끌어들여 평가한다. 서열이 높고 나이가 더 많은 아프로디테는 오직 한 아버지 우라노스를 두고 있지만 어머니가 없다. 신화에 따르면, 그의 아들 크로노스(Chronos)의 낫에 찔려 남성의 기능을 상실한 우라노스가 바다에 빠져 피투성이가 된 성기를 가지고 잉태시킨다. 거품에서 태어난 미의 여신 아프로디테가 바다에서 솟아오른 것이다. 따라서 우라노스의 아프로디테는 오직 남성의 씨에서 태어났다. 그녀는 사랑하는 사람과 사랑받는 사람의 덕과 지혜를 목표로 하는 인간 사랑의 최고 형식으로서, 파우사니아스에 의해서 찬양되었던, 소년에 대한 사랑에 정당성의 원리를 준다. 그에 반해 서열이 낮고 나이가 더 어린 아프로디테는 제우스의 딸이며 거인족의 딸 디오스(Dios)의 딸이다. 그러므로 그녀는 남성과 여성(게다가 인간인) 양쪽의 양친을 지닌다. 그녀를 태어나게 한 에로스는 순수하게 남성적인 것이 아니기 때문에 열등 가치다. 이 아프로디테에게 파우사니아스는 오직 감각적인 욕망인 육체적 사랑을 돌린다.

따라서 성애적인 것의 서열은 근원에 놓여 있는 원리들의 상이한 질을 통해 설명된다. 순수하고 명석한 남성적 정신의 여성적 친척으로서, 어떤 감성을 통해서도 오염되지 않는 여성으로서 맨 처음에 태어났던 아프로디테는 사랑의 인격화된 전형이며, 그런 사랑의 매체는 두 남성들 사이에 여성적인 것으로부터 자유롭고, 정신과 육체 속에 깃들어 있는 남성의 한쪽 성에만 관련하는 관계며, 두 사람의 그러한 관계에서 일찍이 아프로디테가 타인의 피를 섞지 않고 우라노스의 피에서 출생했던 것과 똑같이 지혜와 덕이 태어나게 된다. 이와 반대로 다른 아프로디테는 그녀의 두 성의 출신 성분에 근거해서 여성적인 것의 오점과 숙명적으로 연관되어 있다. 그 결과로 그녀의 영향은 육체적인 매력에 국한되고 본래 추구할 만한 가치와 거리가 있기 때문에 열등 가치로 떨어진다.

성애적인 것의 영역에서 가치 서열은 여성 동성애가 열등 가치 혹은 정도를 벗어난 것으로 여겨지는 반면, 남성 동성애는 왜 높이 평가되었는가에 대하여 동시에 설명한다. 남성 동성애 관계에서 두 사람 중 한 사람이 다른 사람에게서 자기 자신(동일한 성 존재)을 재발견하고, 이러한 동일성에서 일원성의 가장 근원적인 형식으로서 정립되는 대립이 없는 저 일원성에 도달하는 한, 남성 동성애적 성애 관계에서는 일원성의 성의 원리가 적용된다. 이 관계가 관계의 토대를 영적 정신적인 것에 갖기 때문에 그런 관계는 정신적인 수태성이므로 최고의 수태성이다.6) 이에 반해 남녀 타성 간의 성적인 관계는 남녀 양성

---

6) "심포지엄"에서 본래의 성애적인 것은 육체적인 미에서 아니라 정신적인 미에서 그 성애의 충만함을 본다는 것이 항상 다시 강조된다. "신적인 미를 그것의 유일성에서 관조하는"(211e : 저자의 강조 A. Pieper) 것을 이룩한 사람, 그 사람은 소년을 사랑한 사람으로서 소년의 매력적인 외모는 전혀 경탄의 마음을 일으키지 못하고, 아름다운 도덕, 행위들과 인식들을 통해서 소년들의 형성의 힘이 경탄의 마음을 일으킨 소크라테스와 똑같이 사랑의 기술을 완전히 지배한다(210e-311c). 대화의 끝맺음에서 알키비아데스가 자신의 육체적인 장점을 이용해서 소크라테스의 환심을 얻으려는 그의 헛된 노고를 묘사한 솔직함은 소크라테스가 오직 "아름다운 영혼"에게 환심을 주고 있음을 분명히 하고, 그 결과 그를 파트너로 열망하는 사람들은 이성과 덕을 획득하

을 갖는다는 것에 의거해 차이가 없는 남성 동성 간의 일원성에 대립되므로 더 낮게 평가될 수 있다. 항상 남성의 잠재력은 육체적 영역에서 정신적인 수태성을 반영하는 몸의 수태성으로 드러난다. 그러나 여성 동성애적인 관계는 정신적인 관점에서나 생물학적인 관점에서 전혀 수태성이 없다. 유일하고 참다운 일원성의 원천이 여성 동성애에 의해 배반당하고 동시에 규제 없는 혼돈의 다양성이 촉진된다. 왜냐하면 동등한 성의 사랑에서 자기 자신과 자신의 뿌리를 다시 찾는 남성과는 다르게 여성은 자신의 성에서 오직 이원성을 인식할 수 있으나 근원적인 일자를 인식할 수 없으므로, 여성은 계보학적인 관점에 의하면 다른 여성과의 성애적 관계에서 여성의 정체성에 이를 수 없기 때문이다. 일자는 여성의 성의 열등한 등급을 통해 단절되었다 할지라도 남성에 대한 오직 여성의 헌신에서 여성에게 할당된다. 반대로 여성은 자신의 힘으로 역시 자기정체성의 능력이 없는 여성 존재에 대한 헌신에서 여성의 존재를 규정하는 차이를 더욱 증가시키게 될 것이다.

기 위해서 그의 연설에 관계해야 했다.

여기서부터 소크라테스가 대화, *Theaitetos*에서 말한 산파술이 새롭게 분명해진다. "산파술은 남성들에게 조산을 행하는 것이지 여성들에게 조산을 행하는 것이 아니고 그리하여 산파술은 태어나고 있는 영혼에 대한 배려이지 결코 육체를 위한 배려는 아니라는 것을 통해 서로서로 … 구별된다"(150c). 남성간의 동성애적인 관계의 특별성은 따라서 한 사람이 다른 사람에게 도움이 될 수 있다는 점, 자기 자신을 태어나게 하고 자신의 동일성을 스스로 행동을 통해 산출한다는 점, 그러나 어떤 사람도 다른 사람을 대신해서 일자를, 자기와 같은 것을 산출할 수 없다는 점에 나타난다. "조산하는 것을 위해 신은 나를 필요로 하지만 그러나 그는 나에게 아이를 낳는 일은 금지했다"(앞의 글).

자신의 아버지인 제우스의 머리에서 나와야 했던 아테나 (Athene) 여신의 탄생 신화는 순수한 남성적 정신 원리의 그리스적인 높은 평가를 가리키고, 그런 정신 원리의 비물질성은 혼혈되지 않은 유일한 기원이 갖는 신성을 통해 보존된다. 신화의 전체적인 맥락에서 유래한 남성 정신의 높은 평가는 새롭게 발생한 철학적 논의로 흘러들어와 계속되었고, 나중에는 물론 "잊게" 되었으며 보편적 인간성의 높은 평가로 파악되었다는 것은 결코 놀랄 만한 일이 아니다.

　따라서 이념의 지위에 대한 높은 평가는 신화로부터 철학이 등장한 배경을 헤아릴 때 이해된다. 그때 철학의 기원의 차원과 함께 또 하나의 다른 관점, 로고스의 업적은 그 비중이 점점 커진다. 신화는 다양한 것을 이야기하면서 수용되고, 이야기된 역사를 통해 하나의 의미 연관을 만든다. 신들의 계보들과 전설들에 있는 강한 상징적인 요소는 구체성을 배려하여 환상의 날개를 단다. 그때 합리적 명석성과 확신에 대한 요구를 갖고 있는 오성은 신화적인 것에서 충분히 만족을 얻지 못한다. 오성은 이야기된 것을 오성의 관점에서 구조화하고 정리하기 시작한다. 그때 다양하게 개별적인 것과 흩어져 있는 것이 하나의 개념 전제에서 파악될 수 있다는 것을 오성은 발견한다. 개념들은 다시 좀더 포괄적인 상위 개념 아래로 종속되고 전 체계의 정점을 이루는 궁극적이고 최고의 개념이 발견될 때까지 계속된다. 신화적인 이야기에 비해 논리적 처리의 장점은 명백하다 : 그것은 경제적인 장점이고 복합된 사태를 더 개관하게 하며 사물 본질에 아무것도 기여하지 못한 수없이 많은 개별성들에 관한 지식의 부담을 덜어준다.

그 후 양자 중간에 있는 스토아(Stoa)에서 근원적으로 물질에 영향력을 끼치는 생산하는 힘이 로고스에 있다고 생각된다. 포세이도니오스(Poseidonios)는 세계를 구조화된 질서의 형성물로 산출하는 합리적인 힘을 정충 로고스로서 표시했다.7) 잘 형성되고, 전체에서 볼 때 연관되어 있는 모든 것은 신적인 것과 친척인, 순수한 남성적인 기원에 근거한다. 로고스 사상과 관련되어 있는 남성 중심의 혈통 사상은 플로틴(Plotin)에서 다시 한번 특히 뚜렷해진다. 플라톤이 동굴 우화에서 모든 정신적인 발원지로 향한 운동, 즉 최고의 일자로서의 선의 이데아로 돌아가는 영혼의 회귀 운동 방향을 일종의 "남근" 발기 운동 방향으로 묘사했다면, 플로틴은 정액 방출과 같이 역방향으로 일어난 것을 남근의 사정으로 묘사한다. 신적인 일자는 넘쳐흐르고 강둑을 범람하는 수태성에서 그것의 무한한 충만함을 흘러나오게 한다.8) 충만함의 첫 생산이 정신이고, 정신에서

---

7) "신은 유일한 존재이고, 이성과 운명이고, 제우스라고 불리나 또한 아직도 많은 다른 이름으로 표시된다. 그의 존재에서 처음에 자기 자신에만 제한되었던 그가 모든 실체를 공기를 매개로 해서 물로 변화시킨다. 신은 자기 자신을 통해 물질이 더 창조적인 성과들을 갖도록 함으로써, 마치 씨앗 속에 싹이 포함되어 있는 것처럼, 또한 신은 만물을 낳은 세계 이성(씨앗 로고스)으로서 그러한 소질에 젖어 자리하고 있다. 그 후 신은 맨 먼저 4원소인 불, 물, 공기, 흙을 생산한다(Diogenes Laertius에 따른 Poseidonios : 『유명한 철학자들의 삶과 생각들』, VII, 136, Hamburg 1967, 70). 씨앗 로고스의 라틴어 표현은 씨앗 이성이다.

8) "소위 말하는 비유적인 이 생산은 더 말할 나위 없이 근원적인 생산이다 : 저 것(일자)은 완전한 성숙이기 때문에(…) 그것은 말하자면 넘쳐 흘러나오고 그것의 넘쳐흐름은 하나의 타자를 생산한다. 그렇게 탄생한 것은 그러나 태어났던 저 일자로 다시 향했고, 그것에 의해서 수태되었다. 타자는 태어남으로

다시 영혼이 유출되고 영혼의 정층 로고스(이데아들)로부터 마지막으로 세계가 탄생한다.

비유들이 정신 발생사를 묘사하는 데 사용되고, 등급이 낮고 열등한 비정신적-물질적인 것보다 정신적인 것의 우월성을 이끌어낸다 할지라도, 이 비유들은 철학이 그것의 시작 이래로 남성 중심적 방법을 취한 간과할 수 없는 증거다. 다양한 것을 개념적인 통일들로 환원하고, 이것들을 다시 모든 것의 원천으로 우대하는 궁극적인 최고 일자로의 환원은, 이미 설명한 바와 같이 신화로부터 로고스로 전환된 배경 사상을 헤아린다면, 이해가 되고 중요하다. 그러나 궁극적인 원리, 다시 말해 그 자체 안에 대립이 없고 차이가 없는 일원성으로 어떻게 재현되는가 하는 것은 문제가 있다. 이 일원성은 무한한 잠재력의 의미에서 모든 생명체의 유일한 원조로 표명되는 남성적인 생산력을 표본으로 해서 표상된다. 모든 이원성과 차이성을 자신으로부터 배제하는 일원성의 원리는 동일성을 확립하는 기능을 갖고 있기 때문에, 근원에서 남성적인 모든 것, 순수하고 관계성을 무시한 선험적인 통일에서 설명될 수 없거나 그 같은 것으로 환원될 수 없는 모든 것을 동시에 부정적인 것으로 선고하는 하나의 자기 이해와 세계 이해가 사용할 선로들이 설치되어 버린다.

이 같은 사유의 전형은 기독교적인 형이상학과 중세의 신학에서 계속된다. 세계의 창조자로서 신은 모든 존재자의 이유인 동

써 일자를 바라본다. 그것이 정신이다"(Plotin, Enneade V, 2-2/3, Hamburg 1956, 239).

시에 존재하는 모든 것의 발원과 근거가 되는 일원성으로 파악되지 않으면 안 된다. 본질의 총화로서 일자[켄터베리(Anselm v. Canterbury)]는 그 자신이 다양한 것의 존재 원리와 조직 원리가 되는 다양한 것을 필요로 하지 않는다. 오히려 일자는 자기 자신에 만족한다. 실로 기독교는 일자의 삼위일체설에서 신적인 일자의 분화를 생각한다. 그러나 그때 성부는 성자, 그리고 성자와 성령에서 자기 자신과 관계하며, 자기 자신의 타자와는 관계하지 않고, 그의 인격성의 여러 형성들로서의 자기 자신과 관계하고 있는 한, 신의 모든 삼위일체의 인격 개념들에는 자기 자신을 생산하고, 그 생산에서 자기 자신 이외의 어떤 것도 재인식하지 못한 존재로서의 자기 이해와 동일한 남성의 자기 이해가 포함되어 있다. 성모 마리아는 오직 신의 정충을 담는 용기의 기능만을 가진다. 아들에 대한 그녀의 기여는 물질적인 것에서 다 끝난다. 동시에 형이상학적인 파악에 따르면, 그녀는 예수를 위해 변화하는 사물의 영역에서 가장 나쁜 것, 다시 말해 그 자체에 생명이 없고 정신과 형상이 없는 질료를 바로 제공한다.

형이상학적인 일원성의 플랜은 또한 근세 철학에서도 일관된다. 실로 그 플랜은 남성적인 자기 가설의 본성을 나타내지는 않지만 개념적인 규정들은 무의식중에 나타낸다. 스피노자는 모든 원인 중의 원인의 개념에서 자신의 체계를 그렇게 전개한다. 그의 신의 개념은 자기 원인으로 정의된다 : "자기 자신의 원인에서 나는 현 존재를 포함하고 있는 자기 원인의 본질을 이해한다."[9] 자기 자신을 존재의 원인으로 하는 자기 원인 개념은 남성적인 자족과 자기 원천성에 대한 고대 그리스적 동경의 역동적인 표현 형태다. 스피노자에게 자기 원인을 통해 본질이 자신의 존재에서 자신을 산출하는 자기 원인의 산물은 실체로 불린다.[10] 또한 실체(substantia)라는 단어의 의미는 자기 자신의 지배 아래에 있는 것, 자기 자신에게 종속되는 것으로 설명된다. 여기에서 더욱 분명하게 근대의 주관 개념(주관=종속되어 있는 자)에서 최고의 일자에 대한 형이상학적 표상과 분리될 수 없는 등급화된 구조의 계기들이 드러난다. 등급이 가장 높은 일자는 자기 자신만을 인정하는 것을 통해 완전한 일원성을 형성한다. 일자는 그가 원하는 것으로 있고, 그가 본질인 것으로 있고자 하는 것이다. 그렇게 함으로써 일자는 자신의 정립의 산물로서 오직 자기 자신의 법칙에 종속된다. 즉, 일자는 오직 자율이다.

어떤 것을 일자에게 강제적으로 포섭시키는 남의 힘 혹은 남의 권위가 중요하지 않기 때문에, 일자 아래에 복종하는 혹은 일자에게 추종하는 행위는 최고의 자유의 표현으로 파악될 수 있으며 굴종과 타율로 파악될 수 없다. 오히려 복종시키는 사람과 복종에 굴복하는 사람은 동일하다 : 일자가 자기 자신에게 권위를 부여하고, 근원적인 이 자기 권능은 자기 자신에게 복종하는 존재의 모든 형식들이 동시에 자유 방식들로 사유될 수 있다는 것의 근거다. 일자의 내재된 자기 서열화의 논리적 귀

---

9) 스피노자 : 『윤리학』 제1부, 정의 1.
10) "실체의 전제에서 나는 자체에 존재하는 것, 그리고 자신을 통해 이해되는 것을 파악한다. 즉, 그것의 개념이 자체적으로 형성되기 위해 타자의 개념을 필요로 하지 않는 그러한 것이다"(앞의 책, 3, 정의 3).

결은 자기-지배의 능력에서 모든 비일자를 종속시키는, 그리하여 자기 자신의 요구에 따르게 하는 권한을 이끌어내는 논리적 결론이다. 자기 자신을 지배할 수 있는 것, 그것은 어느 정도 그 자신의 우월한 천성을 통해 타자를 명령하고 타자를 일자의 합법칙성으로 강요할 수 있는 정당성을 부여받는다.

전통적 형이상학이 그것의 총체적 요구에 의해 모든 것을 자신의 자기 기획의 내재로 포함시키려 하고 그것에 순응하지 못한 것을 제외시키는 의미에서 전통적 형이상학의 일원성의 플랜 성과를 우리는 자기 중심적이라고 특징지을 수 있을 것이다. 말하자면 자기 원인의 일자가 비일자의 다양성에 찍을 둥근 형식을 갖는 하나의 원을 자기 자신의 둘레에 그린다. 이 스탬프가 찍히게 되는 것은 일자의 내재로 진출하는 것을 허락하는 통과증을 소유한다. 그러나 일자 자신이 다원성에 투영했던 한에서 그 자신의 정립으로서 재인식한 일자의 순수한 형식에 일치한 것만이 근본적으로 들어오게 된다. 그러나 차이가 있는 것 자체는 일자 자신의 일원성에 대립하는 것에 어떤 고유한 성질도 승인하지 않는 배타적 일원성에 관한 표상에서 제외되어 일자 밖에 머문다. 일자와 비일자 사이에 지양될 수 없는 차이가 "이성의 절대 명령"을 통해 제거되는 것을 바랐던 피히테는 누구보다도 가장 극단적으로 표현한다 : "비아(非我)는 아(我)와 어떤 방식으로도 하나로 통일될 수 없기 때문에, 비아 일반은 존재하지 않는다."[11] 실로 절대적 나(신)는 피히테에 의해 "자신에 관한", "자신으로부터", "자신을 통해서"[12]의 순전

---

11) 피히테 : 『총체적인 학문론의 토대』, §4. D(Hamburg 1970, 65).

한 자기 관계성으로서 표시된, 자신 안에 대립이 없는 순수한 일원성으로 생각될 수 있다. 그러나 인간의 이성이 신적인 자기동일성의 혈통적 양상인 한, 이성은 자신을 일원성을 확립하는 기관으로 정립하고, 그때 갖는 이성의 절대 명령을 통해 이성은 자기 자신을 신적인 것과 동등한 신분으로 나타낸다. 도처에 오직 나, 즉 이성, 자기 의식만이 존재해야 하고 그 외에 아무것도 존재해서는 안 된다.

자신을 반성하면서도 타자를 배제하는 일원성의 구상은 헤겔에 이르기까지 고수된다. 헤겔은 쉘링(Schelling)의 동일성 철학에 대해 그의 철학이 구별이 없는 일원성의 의미에서 절대자를 무차별자, 즉 단순한 추상적인 동일성으로서 생각한다고[13] 비난했다 할지라도, 절대적인 자신으로부터 발원한 "동일성과 구별의 일원성"[14]을 자유롭게 하는 역동적인 근거를 재현하려는 헤겔의 시도, 즉자(卽自)로부터 대자(對自)를 지나, 즉자 대자로 발전되는 절대자의 과정에서 모든 비아적인 것이 절대자의 자기동일성을 매개로 자기 것으로 되어야 하는, 자기 자신의 주위를 돌고 있는 자기동일성의 도형이 되풀이되는 것을 뛰어넘지 못한다.

다음과 같은 사실이 종합될 수 있다 : 전통적인 형이상학은 자신의 자기 관계성을 근거로 하여 타자성에 관한 사유를 원칙적으로 허락하지 않고, 모든 차이가 있는 것을 자신으로부

---

12) 피히테 :『학문론 — 1804년의 두 번째 강의』, 강의 18(Hamburg 1975, 180).
13) 제2권, 헤겔의 『논리학』에서 "동일성"에 관한 장을 참조(Hamburg 1969, 26 이하).
14) 헤겔 :『철학의 백과사전』, §121(Hamburg 1959, 30).

터 배제하는 오직 계보적인 일원성의 개념을 알고 있는 한 그것은 남성 중심적이다. 일원성의 이 개념을 통해 사유되는 것은 신적인 존재이지만 이 신은 근원적인 자기 권능을 토대로 하는 자기 이해의 척도를 기준으로 해서 절대적인 것을 기획하는 남성적인 오성의 투영 그 이상이 아니다. 따라서 남성의 오성은 신의 이 투영으로부터 자신을 되찾는 어려움을 전혀 갖지 않는다. 이 투영은 여하간 오성 자신의 정신에서 나온 것이다.

일원성 안에서 남성적 자기 의식이 자신만을 대표하는 것을 보는, 전혀 섞이지 않는, 관계가 없는, 전체주의화하는 일원성의 요구 결과는 이 일원성에 일치하지 않는 것에 대한 평가절하다. 이 일치하지 않는 것이 무자비하게 제거되지 않으려면, 그때는 그에게 일자의 법칙에 복종하는 것만 남고 이것은 그자신의 자유 상실과 똑같은 의미가 된다. 그러나 다원성이 섞이지 않는 일원성에서 오는 사유 유형의 절대화에서 초래되는 본래의 문제점은 절대화를 통해 일원성이 갖고 있는 가능한 다른 형식들을 처음부터 간과하는 어떤 경영의 맹목성이 발생되는 데에 있다. 또 하나의 다른 일자, 즉 두 번째의 일자는 아마도 심지어 같은 정당성을 갖는다 할지라도 존재할 수 없고 존재해서는 안 된다. 여성들에게 이것은 ― 모든 타자는 남성의 정신과는 다른 것이기 때문에 ― 자신의 일원성의 표상을 발달시킬 수 없고, 남성적인 일원성의 이상에 일치하기 위해 그녀들의 특수성을 부정해야 한다는 것을 의미한다. 모든 차이를 부정함으로써 여성으로서의 존재가 여성의 자기 이해의 뿌리로부터 잘려나갔기 때문에 "남성", 즉 "인간"으로 표를 붙인 (예를 들어 영국과 이탈리아에서 "남성"과 "인간"을 의미하는 단어는 동일한 단어다) 여성들은 결코 자기 집처럼 느낄 수 없는 일자의 영역으로 받아들여졌다. 여성은 인간이란 유 개념에 소속된 견본으로서, 유 개념의 인간으로 선언됨으로써 인류 사회 공동체의 성원이 되고 인류의 일원성에 참여한다. 그러나 여성의 성이 혼인을 통해 지워지고 아이들은 자동적으로 아버지의 성씨를 획득하듯이, 그런 일은 여성의 성이 하는 것이 아니라 여성이 차이 없이 통합되어가는 남성의 성이 한다. 그리고 모든 것이 계보적인 사유의 명령에 따라 남성의 성에 복종되는 한, 거기에는 비남성적인 것의 의미에서 '타자적인 것', 즉 동일하지 않은 것을 위한 장소가 없기 때문에 여성은 여성으로서 저 일원성의 표상에서 제외되었다.

2) 일원성의 실천적 개념

본질주의 철학의 남성 중심적인 일원성 프로그램은 지식 이론뿐 아니라 행위 이론을 규정한다. 전통적 윤리학에서 인간의 소원들과 관심들, 목표 설정들의 타율적인 다양성은 선의 일원론적인 개념으로 환원되고, 그런 선은 인간 행위들의 규범적인 본질로서 행위들의 도덕성을 이룬다. 불쾌감을 유발하는 것은 다시 규범성 자체에 관한 일원성의 개념 표상이 아니라 당위의 차원을 자체에 대립이 없는 제일의 원리로 국한하는 남성적인 제한이다. 그런 원리가 보편적으로 의무를 지우는 것으로서 선언되고 차이가 있는 것 — 당위에 일치하지 않는 의욕 — 을 복종시키거나, 그렇지 않으면 비도덕적인 것으로 실격시키거나 제외하는 것이 불쾌감을 준다.

자율 사상은 자유의 이론에 근거를 둔다는 것을 이미 지적했다. 이때 자유는 인간이 자기 스스로 입법한 규범 중의 규범으로서의 법칙에 스스로를 복종하는 데서 인간의 존엄성을 본다. 본질주의 윤리학의 대표적인 모델로 끌어들인 칸트의 윤리학에서 여성이 남성중심주의를 의심하게 되면, 물론 곧바로 여성은 입증 곤란에 빠진 것처럼 보일 수 있다. 예를 들어 정언적 명령에 그런 비난을 할 수 있겠는가? 이 문제를 연구하기 전에, 전통적 철학이 사용하는 개념들이 오직 남성 사상가들에 의해 전개되었기 때문에 그런 철학은 일면적인 것으로서 버려질 수 있다는 논제는 여기서 대표되지 않는다는 것을 또 한 번 지적하지 않을 수 없다. 오히려 그런 통속적인 주장은 철학하는 여성들이 지식과 행동의 합리적인 이론을 기획하기 위해 일원성, 진리, 정의, 선 등과 같은 개념들에 의존하고 있음을 간과한다. 그러나 개념들과 원리들이 어떻게 형성되고 그와 연관된 보편성의 요구가 어떻게 정당화되는가가 결정적이다. 자체 속에 포함되어 있고 자신의 중심으로 오직 자기 자신의 둘레를 도는 근원적인 일자의 이념에 모순되지 않는 것만이 합리적인 것으로 허락됨으로써 우리가 남성중심주의로서 특징짓는 것, 그것은 일자의 유추에 따라 인간의 본성을 유일한 자체 속에 완전하고 자족적인 성으로 환원시킴으로써 인간 지식과 행위를 하나의 엄숙한 검증을 받도록 하는 일원성의 계보적인 모델이 갖는 독재다.

일원성을 "이성의 필요"로 칸트는 표현했다.15) 이런 요구에
일치해서 그의 세 비판들이 방법적으로 같이 구성되었다 : 출발
점은 다양한 통일의 가정들을 매개해서 환원될 수 없는 궁극적
인 일원성에 도달할 때까지 계속해서 환원되는 다양성이다. 따
라서 『순수이성비판』에서 감성적인 직관의 내용들은 범주적
통일의 표상들에게 포섭되고,16) 표상들은 다시 그것들 편에서
의식의 일원성에 종속된다. 『실천이성비판』에서 자유 원리의
요청 아래 있는 도덕 법칙 자신의 일원성에 복종되는 것은 감
성적인 동인들(관심들, 욕망들, 경향들)이다. 이론적이기도 하
고 실천적이기도 한 체계의 기초에 일원성에 대한 이성의 욕구
가 놓여 있을 뿐 아니라 『판단력비판』에서 분석되어 있는 미적
이고 목적론적이고 구성적인 반성의 형상들의 기초에 놓여 있
으며 총체적인 서열을 가능하게 한다. 이때 일원성의 욕구를
갖는 이성은 동일한 이성이다.

칸트에게 모든 통일의 원리들에서 공통적인 것은 원리들이
하나의 종합을 가능하게 하는 데 있다. 즉, 여러 요인들을 하나
의 의미 있는 경험 연관들로 묶는 끊임없는 하나의 결합을 가

---

15) 칸트는 "아마도 장차에 전체의 순수한 이성 능력(이론 이성도 또한 실천
이성도)이 일원성의 인식에 도달할 수 있다는, 그리하여 모든 것을 하나의 원
리에서 도출할 수 있다는 기대를 품었다. 이 원리는 인간 이성의 피할 수 없
는 필요며, 인식의 완벽한 체계적 통일에서만 완전한 만족을 얻게 된다"(『실
천이성비판』, 1797, 162).

16) 여기서는 서열적인 구조들이 중요하고, 그것에 따라 그때마다 서열이 높
은 통일 서열이 낮은 통일 서열을 지배하는 것은 텍스트에서 증명될 수 있다.
"범주들은 현상들에게, 따라서 모든 현상들의 총괄 개념으로서 자연에게 …
법칙들을 지시하는 개념들이다"(『순수이성비판, B 163).

능하게 하는 데 있다. 모든 가능한 경험 연관들의 총체성을 이성은 일원성에 대한 자신의 요구의 기준에 의거해서 이념적으로 이미 기획해버린다. 다시 말해 모든 제약된 것을 무엇보다도 이성만을 근거로 한 조건들에 맞추는 무제약자의 가설에서 기획한다. 따라서 이론과 실천의 타당한 판단들에게 배경을 주는 규범적인 기본 사고 체계는 모순을 결코 받아들이지 않으며 모든 이율배반들을 근절시키려는 이성의 선험적인 정립이다.

따라서 칸트의 방법이 환원적이라 할지라도, 예를 들어 그가 플로틴처럼 계보적으로 진행하지 않고, 그리하여 다양한 것을 연역적으로 일자로부터 이끌어내지 않고 반대로 다양한 것을 일자로 환원시킨다 할지라도 이성의 관심이 결코 이원성과 어떠한 유의 대립성을 용인하지 않는, 그리고 가차 없는 종속만을 요구하는 일원성의 프로그램에 쏠려 있는 한, 일원성에 관한 칸트의 이해는 남성 중심적이다. 이 이성은 자신의 절대적인 요구를 이탈하고 있는 것을 타당하지 않는 것으로 엄숙하게 낙인찍음으로써 이탈자로부터 그의 현존의 정당성을 박탈해버린다. 그 자체로서 보편화될 수 없는 모든 감성 요구들을 이성의 요구들에 가차 없이 복종시키는 결과를 초래하는 요구의 정언 명령은 자유를 "감성의 강제로부터의 해방"[17]으로 파악하

---

17) 칸트 : 『낱장들의 원고지』, 6. 물론 칸트 자신은 "인간의 천성은 스스로가 아니라 이성이 감성에 가한 오직 강력력에 의해서만" 인류의 궁극적 목적을 형성하는 "그런 선에 일치하기" 때문에, 감성에 대한 강제가 — 물론 그에게 정당한 것처럼 보이는 — 강제화를 의미하는 것을 안다(『판단력비판』, 1799, 116 이하). 이 점에 대해 피퍼는 비판적이다(「의붓자식 감성 — 보편성을 통한 특수자의 억압에 관하여」, 『이성의 한계 규정들 — 합리성 토론에 대한 철학적 기여들』, 편집인 : P. Kolmer / H. Korten. Freiburg / München 1993).

는, 감성을 억압하는 도덕적 실천적 이성의 강제를 언제나 획득하게 될 도덕적 성과로서 선언하는 도덕 법칙의 이름으로 이성의 "타자"를 불신한다.

칸트가 이성을 성 특징적이 아닌 남성적인 것과 여성적인 것을 포괄하는 기관으로 설정한다 할지라도, 그는 인간의 본질을 근원적인 자기 권능의 남성적인 이상에 일치시킨 규범으로 생각하는 본질적 사상가들의 전통에 속한다. 자신의 힘에서 정립된 것 ― 이성적 존재로서 인간의 규정 ― 이 자신의 태생의 침범할 수 없는 일원성을 보이는 정도에 따라 모든 이원성 내지 타자성을 자신에서 배제한다. 이것은 남성과 똑같이 존재하지 못한 여성에게, 여성이 실로 인간으로 인정받기는 하지만 여성의 이성과 관련해서 남성보다 뒤떨어진 단계에 있게 되는 것을 의미한다. 왜냐하면 여성은 인간으로서 여성의 규정을 자력으로 산출할 수 있다는 의미에서 만약 자율이 여성에게 있다면 그때는 대립이 없는 일원성의 개념이 붕괴되고, 남성의 시각에서 보면 오직 적대적이고, 따라서 투쟁해야 할 대립으로서 생각되는 이원성이 확립되는 일이 결과적으로 초래되기 때문이다. 남성의 참다운 일원성은 오직 하나의 뿌리에서 산출될 수 있으며 이 뿌리는 남성 자신의 성찰들에서 맹목적인 오점을 의식하지 않는 남성적인 오성의 가설이다.

정언 명령이 책무적인 규정 근거로 감성을 도덕적인 의지의 형성 과정에서 제외시킬 때 갖는 엄숙성은 본질적인 일원성의 개념이 자신의 외부에서 어떤 것도 인정하지 않을 때 갖는 냉혹성에 대한 증거다. 오직 남성만이 도덕적 주체와 법 주체로서 자신에 의해 주어진 자율에 대한 요구에 냉혹한 형식으로 합치될 수 있기 때문에, 이런 것을 배경으로 해서 남성만이 전통적으로 실천에서 행동하는 사람으로 떠오른 것은 결코 놀랄 일이 아니다.

칸트가 남성적인 남성과 여성적인 여성을 말하는 상투적인 용어에서 얼마나 벗어나지 못하였는가를 초기 논문「미와 숭고의 감정에 대한 고찰」(1764년)은 기록하고 있다. 그는 이 논문 제3장에서 "양성들의 반대 관계에서 숭고와 미"의 차이를 분석한다. 이 차이는 그에게 "인간의 두 종속들 사이의 천성을 구별하려 했던" 차이다. 따라서 사람들은 "이 인간들이 하나의 종류가 아니라는 점을 고려해야 한다."[18] 그들의 종에 관련한 또는 그들의 종류에 따른 성들의 천성적인 차이성은 칸트에 의하면 상이한 본질적인 고유성의 조건이 된다 : 여성적인 성격은 "아름답다"로 표시된 반면 남성적인 성격은 "숭고하다"로 표시된다. 미적 오성은 남성에서 오성의 "심오함"을 이루는 모든 것, 즉 무엇보다도 유용하지만 날카로운 추상적인 사변들 혹은 인식들이 미적 오성으로부터 멀어지는 것을 통해 형성된다. 기하학, 철학, 천문학, 물리학, 전쟁들의 역사 등은 여성의 머리를 해친다(850 이하). "여성의 위대한 학문 내용은 오히려 인간이고 인간들 가운데에서 남성이다. 여성의 세계 지혜는 당치도 않는 궤변적 언설이 아니고 감정이다"(843). "여성은 심오한 사유를 통해 여성의 성적인 특징들을 "말살"하고 여성의 매력을

---

18) 칸트 :「미와 숭고의 감정에 대한 고찰들」, Studienausgabe(Weischedel), Darmstadt 1960, Bd. 2, 851.

"약화"시키며 자신을 남성에게 "냉철한 경탄의 대상"으로 만들기 때문에 심오한 사유는 여성에게 적합하지 않다(852).

여성은 학문의 분야에서 오성의 깊이와 숭고성을 포기해야 하고 행위와 도덕 분야에서 "고귀"의 덕을 포기해야 한다. 여성의 덕은, 당위의 강제성이나 도덕적 원리들 일반에 관해 전혀 이해하지 못하기 때문에 다시 "아름다워"질 수 있다. 이해 대신에 "신의 섭리는 여성의 가슴속에 예의바름과 마음에 드는 영혼 앞에 선량한 호의의 감정들, 세련된 감정을 가져다주었다"(854 이하). "희생"과 "아량 있는 자기 강요"는 여성의 본질에 맞지 않다. 그에 대해 여성은 "순수성", "수줍음", "겸손성" 그리고 "세련된 취미"를 통해 두각을 나타낸다.

칸트가 남성적인 성격을 묘사하는 술어들은 '수직적'(심오한, 숭고한)인 술어들이다. 그 반면에 미의 여성적인 주요 특성들은 표면적인 것에 관계하는 수평적인 술어들이다. 칸트가 남성에 뒤지지 않게 여성에게 오성과 덕을 인정할 뿐 아니라 오직 남성에 대해 다만 여성의 상이함을 강조한다 할지라도, 그는 그럼에도 불구하고 그 상이함을 인지적이고 도덕적으로 동등한 정당성을 갖는 형식들로서 승인하지 않는다. 그의 후기 "비판들"에서 나타난 바와 같이 칸트가 지식과 행위 일반의 궁극적 근거를 확립하는 데 사용한 모델은 그리스의 고대로부터 우대를 받던 수직적 모델이다. 그 모델을 가지고 그는 가혹한 일원성의 이해를 핵심에서 남성적인 자기 이해의 토대로, 그러나 보편적이고 인간적인 것으로 표명하는 이성적 존재의 자기 이해의 토대로 만든다.

2. 실존주의 윤리학의 근본 특징들

본질의 우대는 경직된 본질의 일원성으로 정립된 개념으로 통합될 수 없는 모든 것의 가치 절하와 관련을 갖고 있기 때문에 실존주의는 사물의 본질에 대한 본질주의적 우대에 대하여 반작용을 의미한다. 실존주의적 사유의 발단들은 포괄적으로 아직도 광범위하게 남성 중심적이지만, 그런 실존적 발단들이 본질주의의 일원성에 반대한 차이의 사유를 피할 수 없는 것으로서 선언하고 동시에 성을 처음으로 철학적 중요한 테마로 삼는 한, 그 발단들은 페미니즘 윤리학의 길을 넓힌다.

1) 관계에서의 통일과 차이

전통 철학의 본질주의가 헤겔 체계의 고유한 완결성에서 극단적으로 치닫는 것을 보았던 덴마크의 철학자 키에르케고르는 그러한 본질주의에 반대해서 하나의 사유의 단초를 전개했다. 그 단초에서 보편적인 존재로부터 특수적인 존재로의 비중이 단순히 옮겨지는 것이 아니고, 두 계기들이 똑같은 서열로 반성되었다. 인간으로서 존재한다는 것은 끊임없는 이원적 대립(육체-영혼, 필연성-자유, 유한성-무한성, 시간성-영원성)으로 서로를 와해시키려 위협하는 현존 자체안의 상이한 사건의 진행 과정이다. 키에르케고르는 이와 관련에서 내적인 분열로서 분열에 관해 말한다. 정체성 상실의 위험을 벗어나기 위해 인간 존재는 통일에 관한 하나의 기획을 다시 필요로 한다. 그것은 물론 대립된 양 계기 중 한 계기의 예속이나 제거를 통한 일원성에 관한 기획과, 대립된 양 계기를 하나의 상위 질서의 제3자로 포섭시키는 것을 통한 일원성에 관한 기획을 필요로 하지 않고, 차이가 확정되는 동시에 공통적인 것에서 서로 차이가 있는 것의 통합을 통해 만들어진 통일에 관한 기획을 다시 필요로 한다. 실존적 통일은 자신을 하나의 관계로 구조적으로 표현한다.

키에르케고르가 『죽음에 이르는 병』에서 인간의 정의로 발전시킨 유명한 표현은 다음과 같다 : "인간은 정신이다. 그러나 정신은 무엇인가? 정신은 자기 자신이다. 그러나 자기 자신은 무엇인가? 자기 자신은 자기 자신과 관계하는 하나의 관계다. 혹은 자기 자신은 관계가 자기 자신과 관계하는 관계에 있다. 자기 자신은 관계가 아니고, 관계가 자기 자신과 관계하는 관계다."19) 인간은 하나의 태도를 취하는 것을 통해, 즉 다른 인간들과 세계와 신과의 관계를 통해 그리고 이 태도에서 자신을 자기 자신에 관계시키는 것을 통해 자신이 된다. 따라서 반성적인 태도의 활동은 자기의 관계와 타자와의 관계 사이의 양극을 하나로 맺어주는 연결고리를 만든다. 개별적인 자기 자신으로서의 인간 본질은 결코 정지되어 있는 것이 아니고 동적인 관계 구조를 본질로 하고 있으며, 이 구조에서 그때마다 역사적으로 자신을 새롭게 규정하지 않으면 안 된다.

인간 존재의 수많은 오류 형식들이 자기 태도의 빈번한 실패의 증거가 되어 있는 그런 인간 존재의 불확실성과 불안전성의

---

19) 키에르케고르 : 『죽음에 이르는 병』, Düsseldorf 1957, 8.

원천에 대해 키에르케고르는 『불안의 개념』에서 질문한다. 기독교 사상가로서 키에르케고르는 성경의 원죄론에서 묘사된 그 근원적인 자기-죄를 지적한다. 인간 개인이 항상 "개인 자신이고 성으로"[20] 있는 한, 개인은 전체적인 인류를 매개로 해서 최초의 죄인으로서 아담과 관련되어 있으나 아담으로부터 죄의 성질을 물려받은 일은 없다. 죄는 자기 자신의 방식으로 자기 자신으로 있음을 결정하는 개별자의 행동이다. 개인으로서나 종의 생물로서도 존재하는 인간은 특수자와 보편자에 관계함으로써 인간은 자신의 특수자를 자신의 보편자와 연결시키지 않으면 안 된다. 동물은 오직 종의 견본이나 개인은 아니기 때문에 동물도 천사도 그런 중간 존재는 아니다. 천사는 개인일 뿐이고 종의 존재, 즉 성의 존재는 아니기 때문에 천사는 중간 존재가 아니다.[21] 따라서 오직 인간만이 자기 존재의 양극에 대해 올바른 관계를 만들지 못했다는 의미에서 죄인이다. 그 결과는 "죄와 함께 성은 정립되고 그 순간부터 인간의 성의 역사가 시작된다."[22]

자유에 소명을 띤 인간은, 근원적이고 아직도 무반성적인 육체-영혼-관계를 의식적인 자기 관계에 의해 균형을 유지하는 대신 육체를 우선시하고, 그럼으로써 감성적인 성적인 것과의 공동체에서 영혼적인 것을 제외시켰기 때문에, 바로 자신의 자유를 처음으로 사용할 때 스스로 잘못을 저질렀다. 키에르케고

---

20) 키에르케고르 : 『불안의 개념』, Düsseldorf 1965, 25.
21) 앞의 책, 32 참조.
22) 앞의 책, 51.

르는 불안을 죄에 대한 심리적인 설명으로 인용한다. 자기 상실에 대한 불안과 자기 자신의 자기 보존 의도가 자유의 갈망을 억누르고 개인에게 유일하게 안전하게 보이는 것, 즉 육체를 고수하도록 마음을 움직였다. 원죄에서 유한성의 절대화를 통해 감성은 죄의 총체적인 개념으로 되어버렸다. 천국에서 전혀 부정적으로 평가되지 않고 영혼-육체의 종합의 통합적인 계기로 파악된 성은 성 그 자체만을 위해 정립됨으로써 육체와 영혼의 단절이 초래되는 것을 통해 비로소 악으로 된다. 관계의 통일성에 의해 — 키에르케고르에게는 성애적인 끈을 통해 — 결합되었던 태초의 분열 전에 내재한 차이는 원죄를 통해 하나의 절대적인 대립으로 서로 분열하고 그 대립이 더 나아가 자기 자신에 대한 관계를 갖는 것을 불가능하게 만든다. 균열은 모든 개인의 여러 영역에 뻗쳐 있고 개인 자신을 절망하도록 만든다.

원죄에서 육체와 영혼이 극단적으로 서로 분열되어버린 후 다시 하나의 관계로 복원시키는 제3자, 즉 새로운 정체성을 만드는 기관이 필요했다. 키에르케고르는 하나로 만드는 연결의 끈을 "성령"이라 불렀다.[23] 성령은 또한 실로 육체-영혼의 태초의 합에 이미 있었다. 그러나 "꿈을 꾸면서", 즉 자유의 프로그램을 실현하지 않고 그것을 기획하면서 성령은 이미 있었다. 비로소 결렬을 통해 분열되는 이원성은 성령을 동시에 자유롭게 하고 성령으로 하여금 자신의 능력을 의심하게 하는 하나의

---

23) 성령이 하느님 아버지와 아들 사이를 매개하는 끈이 된 신의 삼위일체를 유추해볼 때, 인간의 자기 관계에서 "성령"은 대립들 사이에서 통일을 확립하는 그리고 통일을 만들어내는, 매개하는 힘의 이름이다.

과제와 직면하게 한다. 성령은 육체와 영혼을 다시 하나로 통합해야 하고 이원성, 즉 성적인 차이는 태초에 영적인 것에서 지양되어 있기 때문에 원죄에서 육체 차원의 절대화를 통해, 성애적인 것을 육체로의 집중을 통해 태초에 그 자체로 존재하지 않았던 새로운 이원성이 나타났다. "성적인 것은 불멸의 성령이 남성과 여성으로 규정되어 있는 엄청난 '모순'에 대한 표현이다."[24]

아담은, 세대 관계의 순서에 관해 말하자면 첫 번째 개인이고 이브는 "파생된 자"다. "파생된 자는 결코 근원적인 자와 똑같이 완전하지 못하다. 그럼에도 불구하고 여기서 차이는 단순히 양적이다."[25] 질적으로 고찰하면 남성과 여성은 같다 : 개인적인 자기 형성 과정은 양자를 균형 있게 하는 자기 관계를 회복시키는 과제를 맡는다. 양적인 상이성은 감성에 있다. 키에르케고르에 따르면 여성은 더 감성적이므로 자유의 위험에 더 많은 불안을 갖는다. 그러한 사실로부터 여성은 원죄에서 남성보다 더 많은 죄를 짊어진 결과를 초래하지는 않는다. 오히려 양자는 육체의 요구들에 대한 영적인 요구들의 배제 아래 자신들을 정립하고 그들의 근원적인 통일을 방해함으로써 잘못을 저질렀다.

원죄를 범하고 천국에서 쫓겨난 후 모든 것은 변화되었고 육체 관계도 변화되었다. 무죄 상태에서 성령과 관계하고 있는 영혼을 한편으로는 균형 있게 유지하고 다른 한편으로는 육체

---

24) 불안의 개념, 69.
25) 앞의 책, 63.

적인 것에서 충만을 목표로 하는 성적인 특수화를 균형 있게 유지하는 자연 상태의 순결은 번식을 목표로 삼는 성향으로 바뀐다. 성령은 육체적인 성취에 참여하지 않기 때문에 육체적인 일치를 통한 통일성의 형식은 성령에게는 낯설다. "성령은 성애적인 것의 정점에 함께 할 수 없기 때문에 … 성령은 성애적인 것에서 자신을 표현할 수 없고 생소함을 느낀다. … 수태의 순간에 성령은 가장 멀리 떨어져 있으며 그 때문에 불안은 가장 크다. 이 불안 속에 새로운 개인은 존재한다. 탄생의 순간에 불안은 여성에게서 두 번째로 불안의 정점에 도달하고 이 순간에 새로운 개인이 세상에 태어난다."[26]

그러나 통합해야 할 계기 중의 한 계기 ─ 성애적인 특수화 ─ 가 이해의 지평으로부터 완전히 탈락하면, 성령 일반이 어떻게 새로운 자기 관계를 확립할 수 있는가 하는 물음은 키에르케고르에 의해 기독교 식으로 대답된다. 성적인 것은 말하자면 사랑을 통해 성령화되지 않으면 안 된다. 그런 것은 성적인 것을 잊어버릴 수 있고 오직 잊어버림에서 성적인 것을 회상할 수 있다는 것을 의미한다. "이런 일이 일어나면 감성은 성령 가운데 신성화되고 불안은 내쫓겨진다."[27] 성령에서 그리고 성령을 통해 정립된 통일은 따라서 인간의 존재를 위한 구성적인 모든 요인들의 하나의 통합을 통해 이루어지는 것이 아니라 성령-영적인 것의 부정에 의해 근원적인 유대가 끊겼던 그리고 자기 자신을 위해 자신을 정립했던 차이가 있는 것의 제거를

---

26) 불안의 개념, 72.
27) 불안의 개념, 81.

통해 성취된다. 이러한 대응책에서 이제 성은 통합에 능력이 없는 것으로서 성령을 통해 만들어진 통일로부터 추방당한다. 감성적인 것이 ― 마치 성이 없는 것으로 되면서 ― 영적-성령적인 것과 동등하게 되고 그리하여 실존적인 자기 관계의 성원이 다시 되기 위해 성애적인 것의 위험성은 제거된다. "정신에는 남성과 여성 사이의 어떠한 차이도 없다."[28]

2) 하나의 의미를 갖는 다양성

키에르케고르처럼 또한 니체도 전통적 철학의 본질주의를 논박했다. 키에르케고르는 개인적인 경악에서 정체성의 탐구를 목표로 성찰하는 많은 익명으로 전통적 시스템이 갖고 있는 일원성의 무력화를 반어적으로 시도하는 반면, 니체는 그의 경구적인 문체를 통해 본질주의 체계의 개념을 분쇄한다.

우리가 사물의 개념적인 본질을 근거로 해서 어떤 것을 논박할 수 없는 진리라고 주장한다면, 우리가 개념들에게 부여하는 확고한 것과 보편적인 것, 규정하는 것의 특징들이 사물들에서 말하자면 사물들의 본질로 만나게 될 수 있는 것이 아니라, 그 특징들이 추상의 과정에 기인하고 있다는 것을 우리는 망각했다. 추상화 과정에서 근원적으로 구상적이고 감성적인 인상들은 그것들의 천편일률성으로 인해서 상이한 것들을 보증할 수 있는 단순한 도식들로 된다. "그러므로 진리는 무엇인가? 그것은 움직이고 있는 다수의 비유와 환유며 의인관이다. 간단히

---

28) 앞의 책, 71.

말해서 진리는 시적으로 그리고 수사학적으로 고조되어 있고 전이되어 있는 장식된 인간 관계의 총화이고, 오랜 사용 후 민족이 그러한 총화를 확고한 것으로, 규준적인 것으로, 책무를 주는 것으로 생각하는 인간 관계들의 총화다. 즉, 진리들이란 사용되어 닳아지고 감성적으로 힘이 없이 되어버린 비유들이라는 것을 사람들이 잊고 잊는 환상들이다."29)

정신과 육체의 이원론에는 인간의 본질이 합리성을 본질로 하고 있으며, 선험적 개념을 매개로 한 관념적이고 초경험적인 참다운 세계에 관여하는 순수한 오성의 존재라는 점이 가정되어 있기 때문에, 특히 니체는 서구의 형이상학과 기독교에서 대표되었던 정신-육체-이원론을 맹렬히 공격했다. 그는 조롱하듯이 그것에 반대한다 : "우리는 사유하는 개구리도 결코 아니고 발육 정지된 오장육부를 갖고 있는 사물 기록 장치와 자동 기록 장치도 결코 아니다."30) 키에르케고르와는 달리 니체는 성애를 개별적인 자기 관계로부터 제외시키려 하지 않는다. 왜냐하면 "인간의 애정과 성의 도와 종류가 인간 정신의 최후의 정상까지 영향을 미치기"31) 때문이다. 기독교의 가치 판단의 압력을 받아 성 본능은 사랑으로 "승화"32)되지만 그것을 통해 육체와 삶은 차별을 받게 될 것이다. "성적인 삶의 모든 경멸과 '부정하다'는 개념을 통한 삶의 모든 불순화는 삶 자체에

---

29) 니체 : 『도덕 밖의 의미에서 진실과 거짓말에 관하여』, Sämtliche Werke. Kritische Studienausgabe(=KSA), München 1980, Bd. 1, 880 이하.

30) 니체 : 『즐거운 학문』, KSA, Bd. 3, 349.

31) 니체 : 『선악의 피안에서』, KSA, Bd. 5, 87.

32) 앞의 책, 111.

대해 저지른 범죄이고, 삶의 성스러운 정신에 위배되는 본래의 죄다."33)

니체는 통일성, 정체성을 키에르케고르와 같이 자기 자신에 대한 관계에서 완전히 그 자신의 특수성에서 자신을 관철하고 자신을 긍정하는 개인의 성과로 생각한다. 그러나 그는 성애적인 것으로부터 순수해진 감성을 정신적인 단계에까지 끌어올리지 않고 육체를 위대한 이성으로 선언함으로써, 키에르케고르에 의해 대표되는 기독교의 입장과는 반대 입장으로 돌아간다. 육체를 경멸한 자들에 반대한 차라투스트라의 연설에서 "육체"는 그 통일성과 전체성의 이름이며, 전체성으로서 개인은 예술적인 활동성과 유사한 그의 "창조"를 통해 자기 자신을 산출한다. "나는 완전히 육체다. 그리하여 그 밖의 어떤 것도 아니다. 정신은 육체에 있는 어떤 것에 대한 이름일 뿐이다. 육체는 대(大)이성이며 하나의 의미를 갖는 다양성이고 전쟁과 평화며 가축 떼와 목자다."34) 대이성은 자기 자신을 육체로 조직하기 위해 전통적으로 오성으로서 표시한 능력들을 "소(小)이성"으로 사용한다 : "너의 육체와 육체의 대이성은 나를 말하지 않고 나를 실행한다."35) 개별적인 자기-자신의 창조의 이 활동성은 키에르케고르와 니체에게서도 자아적인 특수성의 창조적인 육체화의 의미에서 "자신"이다. "너의 사상들과 감정들의 배후에 … 강력한 명령자, 알지 못하는 지시자가 있고, 그 사

---

33) 니체 :『이 사람을 보라』, KSA, Bd. 6, 307.
34) 니체 :『차라투스트라는 이렇게 말했다』, KSA, Bd. 4, 39.
35) 앞의 같은 곳.

람은 자신이다. 너의 육체에 그는 살고 그는 너의 육체다."36)
자신은 작은 이성의 정지된 사유의 가설이 결코 아니고 오히려
행위자이자 육체의 기획자, 조직자로서 자기 자신을 실행한다.
육체의 큰 이성은 창조하는 자의 정체성을 논증하는 관계들의
숙고에 나타난다. 니체는 예술적인 창조성과 성 본능에서 동일
한 생산력이 벌써 시작되었음을 본다. "예술 기획과 성 행위에
서 발산하는 힘은 바로 동일한 힘이다 : 오직 한 종류의 힘만이
존재할 뿐이다."37)

아마도 플로틴의 유출의 비유를 생각하게 하는 이 구절이 니
체의 여성 폄하의 열쇠를 푸는 구절이다. 여성은 성적인 개인
으로 자신을 실현한다 할지라도, 여성은 그의 성을 창조적으로
투입할 수 없다. 여성에게 창조적 생산력은 결여되어 있다. 그
때문에 여성은 약하고 피상적(머릿속에 오로지 춤, 바보성과
청소로 차 있음)이며, 진리에 구토를 느끼고38) 자신의 의지를
결코 가지고 있지 않기 때문에 여성은 독립적인 자기가 되지
못한다. "남성의 행복은 '나는 하고자 한다'는 데 있고, 여성의
행복은 '그는 원한다'는 데 있다."39) 복종에서 여성은 자기의 참
다운 규정을 발견한다. "여성에서 모든 것은 수수께끼이고, 여
성의 모든 것은 하나의 해답을 갖는데 그것은 임신이다. 남성
은 여자에게서 수단이고 여성의 목적은 항상 아이다."40) 그럼

---

36) 앞의 책, 40.
37) 『유작』, KSA, Bd. 13, 600.
38) 니체 : 『인간적인, 너무나 인간적인』, KSA, Bd. 2, 498.
39) 니체 : 『차라투스트라는 이렇게 말했다』, Bd. 4, 85.
40) 앞의 책, 84 이하.

에도 불구하고 여성의 출산 능력은 니체의 생각에서 여성 자신의 고유한 가치를 갖는 성과를 한 번도 표현하지 못한다. 남성의 생산력을 근거해서 측정하면, 아이들의 탄생은 대이성으로서 육체와 연결되어 있는 남성의 자아-조직이 세운 업적과 비슷한 업적을 세우지 못한다.

여성이 자기 자신 안에서 그리고 자기 스스로의 힘으로 여성의 완성을 꾀하지 못하고 제2의 사람(남성)을 필요로 하여 성취하는 것은 여성 자신이 아니고 제2의 것(아이)이기 때문에, 니체가 여성에서 여성 자신의 힘에 의한 정체성의 발견 가능성을 거부한다면, 그는 그의 개인적-실존주의적 사상의 성향에도 불구하고 형이상학적 사상들을 아직 극복하지 못한 것처럼 보인다. 그러나 여성과 남성이 서로 대적하는 것은 슬픈 일이다! 니체는 여성의 해방을 비방하기 위해 심한 말들을 아끼지 않는다. "만약 여성들이 학식 있는 경향들을 갖는다면, 일반적으로 여성의 성적 감정의 태도에서 뭔가가 잘못되어 있다. 여성의 비수태성에는 취미의 어떤 남성성의 소질이 이미 있다."[41] "여성은 독립적이고자 한다. 그리고 여성은 '여성 자체'에 관해 남성들에게 알려주는 것을 시작한다. ― 그것은 유럽의 전반적인 증오심에서 나온 최악의 발달들에 해당된다."[42] "여성은 그 정도로 새로운 권리들을 장악하고, '주인'이 되려 하고, 그리하여 "여성의 발전"을 표방함으로써 그 반대가 몸서리치는 명백성을 가지고 완성된다 : 여성은 퇴장한다."[43] "여성들의 남성화는 '여

---

41) 니체 :『선악의 피안』, Bd. 5, 98.
42) 앞의 책, 170.

성 해방'의 바른 이름이다. 그것은 여성들은 남성이 이제 부여한 상에 따라서 자신을 형성하고 남성의 권리를 갈망함을 의미한다. 나는 그 점에서 지금 여성들의 본능에서 변종을 본다."[44]

비슷한 구절들이 니체의 작품에서 수없이 나온다. 교화를 통해 화해하는 대신[45] 그는 여성 해방을 여성적인 자기 영광으로 꼬집는 데, 여성의 완전한 이성의 결여를 부엌에서 제거할 것을 여성들에게 권장하는 일에 지칠 줄 모른다. 니체가 여성들로 여성들을 매력 있게 하는 어떤 것 — 바로 남자에 대한 매력 — 을 여성에게 적어도 유지시키려고 한 것은 확실히 부인할 수 없다. 여성들이 오직 남성적인 시각에서 자기 자신을 생산하는 자기 관계의 부정적 배경으로 여겨지고 자율에 대한 여성의 무능력이 긍정성으로 확정되는 한, 여성의 타자적 존재는 고유한 가치를 갖지 못하고 여성들은 여성으로서 그 자신들 존재에서 잘못을 저지르게 될 것이라는 논증으로 여성들을 도와 방어할 수 없는 결점으로 파악되기 때문에, 여성들은 개별적인 자아로 자신을 실현할 수 없다.

3. 본질주의와 실존주의를 뛰어넘어서

일원성에 관한 경직된, 말하자면 전체주의적인 개념이 형이

---

43) 앞의 책, 176.
44) 『유작』, KSA, Bd. 11, 231.
45) 『선악의 피안에서』, Bd. 5, 172 이하.

상학적인 플랜들에서 본질주의적으로 구성되었던 것과 같은
그런 개념 비판을 통해 그리고 태도의 에토스의 자기 관계에서
대립이 없는 일원성에 대한 표상의 해체를 통해 실존주의 철학
자들은 현대와 포스트모던의 철학자들에게 일원성에 대한 다
른 사유의 길을 제시했다.

1) 일원성의 해체

아도르노는 그의 책 『부정의 변증법』에서 관념론적인 유형
의 전통적 형이상학의 주체 개념, 그것과 관련되어 있는 자율
과 동일성에 대한 지배의 요구를 비판했다. 플라톤에서 헤겔에
이르기까지 형이상학에 형성된 변증법적 방법이 각각 부정적
부분을 긍정적인 부분에 종속시키거나 긍정적인 이 부분에서
부정적 부분을 가차 없이 소멸시킴으로써, 변증법이 모든 대립
들 ― 주관과 객관, 동일성과 비동일성, 일원성과 다원성 ― 을
지양하는 것을 초래하였을 정도로 기능을 발휘했음을 아도르
노는 밝히려고 시도한다. 그런 변증법 대신 아도르노는 "개념
의 탈마법"46)을 통해 개념으로부터 제외되어 있는 것과 동시에
철학의 체계로부터 제외되어 있는 것의 권리를 획득하도록 도
우려 한다. 부정의 변증법에 관한 그의 이해는 "붕괴의 논리
학"47)을 목표로 한다. 그런데 이 붕괴의 논리학은 확정된 대립
들을 하나의 강제 동일성에서 지양하려 하지 않고 그것들의 모

---

46) 아도르노 : 『부정의 변증법』, Frankfurt a.M. 1982, 24.
47) 앞의 책, 148.

순성을 본질로 하도록 한다. 따라서 아도르노는 정립과 반정립을 통해 획득된 종합의 긍정적인 통일 대신 하나의 "모든 것의 총체적 상황",[48] 즉 의문시되는 사항의 주위 개념들을 총 집합한다. 일종의 개념이 아니기 때문에 개념에 의해 부정되어 범주의 기본 표에서 탈락된 어떤 것으로의 접근이 사유를 매개로 총체적 상황을 통해서 일어나야 한다. 즉, 이론적 영역에서는 개별적이고 감각적인 객관으로의, 실천적 영역에서는 개인으로의 접근이 일어나야 한다. 아도르노가 "축적된 역사"[49]로서 표시한 모든 것의 총체적 상황을 통해 개별적이고 구체적인 것은, 그것이 놓여 있는 관계들을 매개해서 해독된다. 즉, 특수적인 것이 지금 존재하고 있는 것으로 되어온 산출 과정들, 특수적인 것에 저장되어 있는 역사가 이야기되거나 아도르노가 말한 바와 같이 역사가 구성되는 과정들을 거쳐 해독된다."[50]

구성의 이 방법을 데리다는 여러 가지 텍스들의 총 상황들과 일치점들을 통해서 새로운 통찰들을 획득하기 위해 사용한다. 전통적 형이상학의 "논리중심주의"에 대한 그의 비판은 그의 "파괴적"인 행동 방식에서 나타난다. 그의 책 『저술과 차이』에서 그는 로고스를 통해서 밀려난 것과 억압받는 것, 비로고스적인 것을 단순한 차이가 있는 것으로 주목한다. 로고스 이론에 의해 형이상학이 초래하는 파괴에 대한 그의 관심은 그러나 로고스를 희생시켜서 현상의 구제를 의도하는 것이 아니고 —

---

48) 앞의 책, 164 이하.
49) 앞의 책, 65.
50) 앞의 책, 167.

그것은 다시 단순히 역방향에서 억압될 것이고 ― 오히려 그는 차이 안에서 그리고 차이를 통해 사유에 길을 내고, 즉 지금까지 밀려난 것의 흔적들을 추적해야 하는 하나의 사유에 길을 내려 한다. 따라서 시스템의 원리들이 선험성, 비역사성, 초시간적인 타당성을 통해 특징을 나타낸 시스템의 폐쇄된 구조와 하나의 생성, 발달, 역사적인 변화를 사유할 수 있게 하는 폐쇄되어 있지 않은 시스템의 구조적인 개방 사이에서 데리다는 그 자체로서 확정될 수 없는 철학의 주소를 본다. 차이의 이 중간 영역에 있는 철학의 과제는 각각의 사유 가설의 근원적인 문제의 차원을 다시 획득하기 위해 철학에 의해 전개되어온 사유 가설들을 해체하는 것이다. 그러므로 철학은 데리다에게는 지양될 수 없는 난제로부터 원동력을 공급 받는다 : 우리는 모든 지식을 하나의 중심으로부터 구조화하고 조직화하는 것 이외의 다른 방편은 없다. 왜냐하면 우리의 사유는 논리 중심적이기 때문이다. 그러므로 우리는 이 중심부를 그때마다 확정하지 않으면 안 되지만 구조를 통해 포착해야 하고 이해해야 하는 것의 역사성을 위해 즉시 중심부를 다시 지양하지 않으면 안 된다.[51]

한 인터뷰에서 데리다는 이성 일원성의 가능성을 부정하는 일은 동시에 윤리학의 지양을 함의하는가라는 질문에 대답했다. "해체는 그것이 가끔 표현되는 비도덕적 혹은 비윤리적 허무주의는 결코 아니라는 것을 나는 맨 먼저 강조하고 싶다. 해

---

51) 데리다 :『저술과 차이』, Frankfurt a.M. 1972. 특히, "힘과 의미"의 장, 9-52 : "계보와 구조", 236-258 : "프로이트와 저술의 무대", 302-350 참조.

체는 가능한 윤리학의 긍정적인 사유이고, 산정될 수 있는 것의 기술을 뛰어넘는 하나의 참여의 긍정적인 사유다. 책임에 대한 임무는 해체적 경험의 중심에 있다. 물론 이 책임성은 전과 같이 고전적 방식으로 정의될 수 없다. … 강제하지 않는 시스템의 다른 유들인 … 일종의 다른 유들의 연관이 존재한다. 내가 차이, 분산, 가분성으로 칭하는 것은 본질적으로 파편적인 것이 아니다. 그것은 전체주의화에 대한 바람과 소원을 갖는 일 없이 타자, 이질적인 것과의 관계 붕괴다. 그것은 차이에 대한 다른 경험이다."[52] 이 다른 경험은 경험 자신과의 적대 관계에 있는 것의 붕괴에서 우러나온다. 이 사실에서 성 차이와 관련해 "성 차이 자체의 진리, 남성과 여성 그 자체의 진리는 결코 존재하지 않는다 …"[53]는 사실이 도출된다. 성 차이는 여성 내지 남성의 본질이나 존재로 존재하지 않는다. 성 차이 자체가 논리적으로 짜낼 때만 그것은 존재한다.

로고스와 로고스의 합리적 구조들에 일면적으로 집중된 서양 철학에 대한 아도르노와 데리다가 행한 비판은 개념에 의한 직접적인 간섭에서 벗어나려는 모든 것에 대하여 철학이 저지른 테러를 겨냥한다. 개념에서 인식되지 못한 것은 절대자의 재단 위에서 의연하게 희생될 수도 있다. 왜냐하면 그것은 더 말할 나위 없이 자기 스스로 현존의 권리를 갖고 있지 않기 때문이다. 아도르노와 데리다가 타자에게, 차이 있는 것에게, 개념에서 거부당한 것에게 그것의 고유한 존엄성을 다시 찾아주

---

52) 데리다(in : F. Rötzer) : 『프랑스 철학자들과의 대화』, München 1987, 67-87 : 인용 77 이하.

53) 데리다 : Eperons / Sproni / Spurs / Sporen, Venedig 1986, 53.

는 것을 옹호한다면, 다시 말해 바로 로고스의 은총에서 부여되지 않고 타자의 역사적인 일회성과 특수성을 근거로 해서 부여되는 존엄성을 되돌려주는 일을 옹호한다면, 그들은 그렇게 함으로써 자기 자신의 타자에서 비로소 자기 자신으로 돌아가는, 자신을 실현하는 이성의 계획을 형이상학적으로 승인 받은 이성의 독재에 대립시키는 실존 철학의 근본 관심사를 수용하고 있다.

바로 로고스에 의해 제외된 감성적인 것을 만족시키는 통일에 관한 다른 표상들을 다른 사상가들은 제안했다. 그래서 예를 들면 바르트(B. Roland Barthes)는 독서하는 행위의 기쁨을 읽은 행위 중에 의미의 감성적인 경험에 몰두한 몸의 자기 해체로 묘사했다. "아마도 이제 주관은 환상이 아니라 픽션으로 돌아온다. 사람들은 개인으로 표상하는 일정한 방식에서 어떤 기쁨을 획득한다. 이 픽션은 하나의 통일에 대한 환상이 결코 아니고, 반대로 우리의 다양성을 등장시키는 공동체의 드라마다 : 우리의 기쁨은 개인적이지만 인격적이 아니다."[54] 따라서 독서의 진행은 주관성과 간주관성의 융합, 지배로부터 자유로운 융합에 해당된 모델이고, 그 안에서 주관은 다른 타자에 몰두하며, 동시에 자신의 주관성에서 자신의 확인됨을 본다.

들뢰즈와 가타리는 『철학은 무엇인가?』라는 그들의 최근 공저에서 사상적 연관성을 이어갔다. 이를 위해 그들은 전체주의화되는 일원성에 관한 고전적 사상에 중심부가 없는 시스템으로 이질적인 것을 허락하는 통일의 다른 유형을 대립시켰다.

---

54) 바르테스 : 『텍스트에 대한 기쁨』, Frankfurt a.M. 1974, 91 이하.

이 두 유형의 사유의 특징을 표현하기 위해 그들은 주근과 근경의 식물학적인 차이를 비유로 사용한다. 한편으로는 주근들로서 사유의 특징은 마치 하나의 나무와 같이 하나의 큰 뿌리에 근거하고, 따라서 자체의 완결된 세계상을 보여주고 그런 세계상의 정신적인 실재성은 둘로 갈라진 이분법의 논리학에 근거한다. 다시 말하면 일원성을 만드는 주관으로서 뿌리와 그 위에 구축된 객관으로서 나무가 이분법의 논리학에 근거한다. 다른 한편으로는 땅속에 다양하게 갈라진 타래형의 성장과 구근형의 성장으로서 근경형의 사유의 특징은 자신 안에 완전히 이질적이고 야생적으로 자라나는 다양한 현실성을 상징화한다. 나무의 줄기 형식을 취하는 악어, 언어, 국가 기구, 말벌과 난초, 개미 집단들은 서로를 모사하거나 복제하거나 모방하는 일 없이[55] 일종의 계통에 의해 계보학적으로 서로 멀어지지 않고 비병렬적인 진화의 의미에서 연결되어 있는 한 근경들을 형성한다. 근경의 모든 요소는 근경의 본질인 다른 부분들과 연결되어 있고, 자기 자신의 타자로 자신의 동시적인 변형과 투영을 중단하지 않는다. 난초가 말벌을 위한 곡물 저장 창고가 되는 반면 말벌은 난초의 꽃가루들을 모아 옮김으로써 "난초 번식 기관의 한 부분이 된다."[56] 그것을 통해 난초와 말벌의 지위에 어떤 것도 변화되지 않는다.

근경-시스템 안에서 관계들은 따라서 반계보적이고 비계급적이다. "하나의 다양성에서 기호표시체가 위력을 넘겨받는다

---

55) 들뢰즈 / 가타리 : 『철학은 무엇인가?』, 16-22.
56) 앞의 책, 20.

면 항상 통일성의 개념이 나타난다. 통일성은 그때그때의 시스템의 통일성에 부가되는 공허한 차원에 작동한다(하향식 코드). 이런 통일성에 반해 근경 혹은 다양성은 하향식 코드화가 될 수 없다."[57] 그러므로 근경의 일부분이 절대화되자마자 혹은 야성에서 자란 열려 있는 근경의 관계 그물이 전체로서 인위적으로 제시되는 상위 개념에 종속되어버린 즉시, 속박하는 뿌리-나무-모델이 다시금 다양성에게 일방적으로 부과된다. 그 모델은 들뢰즈와 가타리에 의해 독재자들의 명제로 표시되고, "철학자들의 머릿속에 나무가 심어 있기" 때문에 많은 철학자들에 의해 우대받은 "장군을 가지고" 문제를 푸는 해답으로 표시된다. "그러나 뇌 자체는 나무라기보다는 잎이거나 떡잎이다."[58] 들뢰즈와 가타리는 "중심이 없고 계급적이 아닌, 장군이 없는 드러나지 않는 시스템으로서 근경을 옹호한다." 그것은 조직화하는 기억력과 중앙의 자동 입출력 시스템도 결코 가지고 있지 않다. … 근경에서 성에 대한 관계도 중요하지만 또한 동물적인 것과 식물적인 것의 관계, 세계와 정치의 관계, 책에 대한 관계도 중요하고, 완전히 나무 유의 관계와 다른 자연적이고 인위적인 사물들의 관계도 중요하다. 다시 말해 생성의 모든 종류의 관계가 중요하다."[59]

서양 사람에게 사고의 전환은 필연적이다. 초원과 정원, 황야와 오아시스에 대한 (근경적인) 관계를 갖고 있는 동양 사람과

---

57) 앞의 책, 18.
58) 앞의 책, 8.
59) 앞의 책, 36.

는 다르게 서양 사람은 숲과 개간지에 대한 특수한 관계를 갖고 있기 때문에 그 자신의 이해는 나무 종류다. 즉, 수평적이 아니고 수직적이다. 하나의 전형적인 유럽의 병, 즉 초월을 저자들은 알아차리고 성적 능력 파악에서 이 병의 필연적 귀결을 해석한다. "태좌(암꽃 수술의 한 부분으로 밑씨가 씨방 안에 붙어 있는 자리 : 옮긴이 주) 식물들은 양성들을 결합시킨다 하더라도 그 식물들은 성을 번식 모델에 종속시킨다. 그에 반해 근경은 성의 해방을 의미하고, 단지 번식을 고려해서 그럴 뿐 아니라 성 기관을 고려해서도 성의 해방을 의미한다. 우리에게 나무는 몸속으로 이식되었고 나무는 심지어 성들을 가혹하게 했고 계층들로 분류해버렸다."[60]

성장하고 계속 발전해가는 구조들의 다양성을 이분법적인 대립 도식에 따라 가차 없이 잘라내는 일은 우리의 모든 삶의 세계에 빈약함을 초래하고 있음을 들뢰즈와 가타리는 명백히 함으로써, 그들은 그것을 강조하는 일 없이 나무-모델에 대한 그들의 비판에서 일원성에 관한 전통적 사유의 남성중심주의의 불합리함을 논증했다. 영혼과 육체의 관계가 지휘본부(장군)와 명령 수신자(다수의 군인)의 관계 유추에 의해 표상된 곳에서, 덮어씌워 감춘 하나의 질서와 일원성을 위해 현실이 지휘본부에서 기획한 장군의 계획에 일치할 때까지 거기에 순응하지 못한 모든 요소들은 가차 없이 제거된다. 규범화된 육체들은 정해진 성 역할들에게 복종하고 있고, 다른 육체들에 대한 규범화된 관계들에게 마찬가지로 복종한다. 그러나 육체 관

---

60) 모든 인용은 앞의 책, 32.

계와 성들 관계가 완전히 다르게, 즉 고정되지 않고 확정되지 않은 질서 구조들에서는 근경-모델에 따라 발달한다. 이 모델의 시험이 아직 이루어지지 않았다 할지라도, 공동의 자기 이해와 세계 이해의 미리 예측될 수 없는 새로운 형식들이 형성될 수 있기 위해 자유로운 자기 실현의 가능성들이 열려 있음이 예감될 수 있다.

2) 담론의 지배

전통적인 일원성의 계획들에 대한 비판은 이것들에 의해 변형된 것, 복종된 것, 제외된 것에 대한 안목을 열었다. 기껏해야 단순한 것의 순전한 복제 등급을 지녔던 다양한 것이, 다른 세계의 빛에서 보면 질적으로 어떤 고유한 가치를 가지고 있는 것으로 드러난다. 그것에 의해 또한 육체에 대한 관계가 변화되고 이 관계를 매개로 해서 "다른" 성별에 대한 관계가 변화된다. 실로 자신의 성별을 주제로 삼고 이 일을 전통적 철학의 형이상학적인 언어의 어휘를 가지고 하는 일이 남성 사상가에게 맨 먼저 단연코 필요로 하는 한 사유는 실로 남성을 기준으로 한다. 그러나 성별에 대한 전통적 담론이 사실성과 일치하지 않고 미리 결정된 유형들을 따르고 있다는 것이 곧장 밝혀지기 때문에, 남성 성별이 근본적으로 검증받았던 정도에 따라 남성중심주의는 또한 지배를 상실해버린다. 경직된 이 사유의 유형들로부터의 해방이 성 차이에 관한 하나의 새로운 긍정적인 이해까지 아직 도달하지 않았거나은 경우에 따라서는 발단

과정에 있었지만, 항상 새로운 세상을 추론했고 거기에서 개혁적인 구성의 원리들이 창조되었으며 그것들의 수확성이 검토될 수 있었다.

푸코는 서양 사회에서 성적인 행동 방식들의 역사적 재구성을 통해 성이란 테마로의 접근을 이끌어냈다. 그때 그가 제기했던 문제는 ― 진리의 요구를 전제하고서 ― 이론적이고 실천적인 문제들에 관해 이루어진 담론들이 어떻게 권력의 메커니즘들과 제도들과 그물 모양으로 결합되어 있는가라는 것이다. 푸코는 단순한 철학사가가 아니다. 그는 통용되고 있는 해석의 도식들과는 엇갈리게 "학문의 무의식적인 것을" 밝히려는 정신과학적 고고학자다.[61] 그는 인간 인식들의 뿌리들과 근원들의 영역을 언어를 가지고 캐내려 하고, 그런 영역을 지식의 구조들이 일상적 지식과 학문적 지식을 규범화하는 질서 시스템과는 완전히 다른 분류법들 내지 질서 시스템들을 결과하는 지식 본래의 전문 분야로서 발굴하려 한다. 성과 진리"[62]의 관계는 성-담론의 여러 유형들에서 이 유형들에 내재된 권력의 전략들로서 그에 의해 해부된다. "권력과 성 사이에는 오직 부정적인 관계, 즉 비난, 배제, 거부, 차단, 왜곡 혹은 은폐가 항상 존재한다. 권력은 성과 쾌락들에 관해 아니오(nein)를 말하는 것 외에 어떤 것도 그것들에게 말할 수 없다. … 권력은 본질적으로 성에게 성의 법칙을 명령하는 바로 그것이다."[63] 권력은 "성의 처분에서"

---

61) 푸코: 『사물의 질서』, Frankfurt a.M. 1974, 11.

62) 지금까지 독일어 번역이 세 권 나와 있다(1. 앎에의 의지, Frankfurt a.M. 1977 : 2. 쾌락의 사용, Frankfurt a.M. 1989 : 3. 자신에 대한 염려, Frankfurt a.M. 1989).

육체의 점유를 정립하고 조직화하는 기관이다. 권력의 주요 전략들로서 푸코는 "여성 육체의 히스테리, 아동 성 교육", "번식 행위의 사회화"와 "성 도착적 쾌락의 정신병"을 든다.[64]

　권력의 체계들과 그를 통해 강요되는 성과의 관계 형식들이 남성(그리스적인)의 도덕에서 기인한다는 것을 푸코는 분명히 한다 : "여성들은 일반적으로(그리고 매음부 신분 같은 어떤 신분이 여성들에게 부여할 수도 있는 자유를 제외하면) 극도로 엄격한 강요들에 복종하고 있다. 그러나 이 모델은 여성들을 위한 것이 아니다. 그 모델 안에서 훈계 받게 되고 정당하게 되고 발전되는 의무들과 책임들은 여성들의 의무들과 책임들이 아니다. 그것은 남성들의 도덕이다 : 남성들에 의해 생각되고 서술되고 학습되는 그리고 남성들 ― 물론 자유로운 남성들 ― 을 위한 하나의 도덕이다. 따라서 그런 도덕은 남성의 도덕이다. 사람들이 여성들을 지배한 경우, 그리고 여성들이 다른 사람(아버지, 남편, 후견인)의 지배를 받을 때, 여성들의 지배의 권력을 갖지 못한 경우, 여성들을 형성하고 교육시키고 감시하는 일이 긴요한 오직 객체들로서 혹은 기껏해야 파트너로 여성들이 보이는 그런 남성 도덕이다. 그것은 의심할 나위 없이 도덕적 반성들 가운데 가장 주의할 만한 요점들 중의 하나다. 그런 도덕적 사유는 양 성별에 대한 하나의 행동 영역과 하나의

---

63) 『앎에의 의지』, 103. 독일어 표현 'Lust' 혹은 'Lüste'는 프랑스어의 'plaisir'와 영어의 'pleasure'보다 강하고 세련되지 못하게 들린다. 이 표현이 일반적인 의미에서 사용될 수 있고(어떤 것은 나에게 즐겁다), 성적인 함축으로서도 표현될 수 있는[청루(Freudenhaus), 창녀(Freudenmädchen) 등] 한, 아마도 '즐거움(Freude)'이 더 어울리는 번역이 될 것이다.

64) 앞의 책, 126.

규율의 영역 — 필요한 성 역할 분리 과정을 가지고 — 을 정의하려 하지 않는다. 그 반성은 남성들의 관점에서 나온 남성적 행동의 계획안이고, 남성의 생활 태도에 형식을 주려는 목적을 갖고 있는 행동의 계획안이다."[65]

남성들을 위해 남성들에 의해 만들어진 이 도덕 안에서 남성의 육체에 대한 남성의 관계가 인간 상호간의 모든 관계들에 대한 배경을 제공한다. 푸코는 쾌락들의 영역에서 도덕적인 삶의 생활 태도를 "지배력의 획득을 위한 전투"[66]로 표시, 즉 "주관에 의한 자기 지배 구조"[67]의 창설 의미에서 자기 지배의 목표를 갖는 자기 자신과의 결투로 표시한다. 자기 자신의 주인은 그가 자신의 욕정들을 절제할 줄 알고 자신에게 복종한 사람들(노예, 여성들, 아이들)에게 유사한 권위 관계를 산출할 수 있음으로써 자기 자신을 지배하는 바로 그런 사람이다. 푸코에 따르면, "사정의 도식"에서 확인된 남성성을 기초하는 능동적 활동력은 남성적 모델의 지배의 상징으로[68] 권력의 유지를 보장하는 데 이용하는 자기 기술들 — 섭생법, 경제학과 성애술[69]

---

65) 『쾌락의 사용』, 33.

66) 앞의 책, 88.

67) 앞의 책, 94.

68) 앞의 책, 166. "남근은 사람들이 아는 바와 같이 지배의 모든 유희들의 교차점으로 나타난다. 우리가 남근의 강요를 당하면, 남근의 요구는 우리를 노예로 만들기 때문에 남근은 극기의 교차점으로 나타난다. … 성 동반자와 함께 삽입이 이루어지기 때문에 남근은 성 동반자에 대한 우월성을 의미하고, 남근은 동질성과 사회적인 활동성의 전 영역을 의미하기 때문에 특권과 지위를 의미한다"(『자신에 대한 염려』, 48).

69) 푸코는 쾌락의 요법에서 값비싼 정충의 너무나 큰 손실을 통해서 비롯되는 힘의 약화를 저지하고 억제하는 삶의 기술을 이해한다(앞의 책, 167 이하

— 을 통한 엄격한 자기 규제를 활동력 자신을 위해 필요로 한다. 이 기술들의 연마를 통해 자기의 본성에 대해 승리함으로써 남성의 우월성을 정당시하는 특유한 덕들이 만들어진다. "(이에 반해) 여성의 덕은 종속 행동을 표시했고 그것을 보장했다. 남성의 엄격함은 자기 자신을 제한하는 지배 윤리학의 특징을 나타냈다."70)

푸코가 연구한 도덕이 비록 그리스의 주인 도덕이라 할지라도 그에 의해 폭로되는 성에 관한 고대 담론의 요소들이 매우 현대적인 느낌을 주게 되는 구조들은 다른 구조가 아니라 바로 부권적인 자기 이해가 갖는 표면상 초역사적인 구조들이다. 스토아 철학자들의 경우 성별 관계의 균형의 경향이 적어도 혼인의 공동체에서 확인될 수 있다 하더라도71) 지배의 패러다임은 여전히 모델로 남아 있고, 그 모델에 의하면 남성과 여성의 통일과 공동체는 규제된 권력 관계의 의미에서 표상된다.

참조). 경제학의 기술은 성 관계를 결혼한 부인에게로 제한한다. 왜냐하면 오직 사생아 없는 혈통이 "고귀한 탄생의 영광과 신들에 이르는 계보의 연관성을 요구하기 때문이다"(앞의 책, 217). 성애적인 삶의 기술은 마지막으로 소년이 자기 자신을 제어해야 하기 때문에, 소년의 명예를 위해 절제를 요구한다, 그러나 소년이 성애적인 관계에서 "패배자"면, 그는 자신을 제어할 수 없다. — 항상 삽입 행동의 모델과 능동성, 수동성에서 지배와 피지배의 관계로 생각한다"(앞의 책, 273). 소년은 쾌락의 대상으로 자신의 남성성을 빼앗기고 "여성화되어버린다"(앞의 책, 281).

70) 앞의 책, 232.

71) "결혼하는 기술은 부부에게 … 쌍으로 사는 오직 하나가 되는 방식을 의미한다. 혼인은 양 파트너 각자가 자신의 삶을 하나의 삶으로 이끌고, 두 사람이 함께 공동 존재를 형성하는 어떤 행동의 스타일을 요구한다"(『자신에 대한 염려』, 209 이하). "결혼 생활에서 쌍은 실제적인 윤리적 통일성을 형성한다"(앞의 책, 212).

푸코에게서 포괄적으로 감추어져 있는 어떤 것이 있는데 이것은 그의 의도다. 표면상으로는 기술적으로 진행하면서 그는 하나의 논구 시스템과 권력 시스템으로 구성되어 있는 성의 발생사를 기술한다. 권력 체계는 자신을 유지하기 위해 육체를 맨 먼저 성적인 것으로 형성하게 될 육체로서 생산하는 하나의 도덕에서 일정한 행동 규정들을 확정한다. 이때 푸코는 자신에 의해 폭로된 책략들과 이것을 조직화하는 인간의 자기 관계에 대해 비판적인 판단을 하지 않고, '좀더 적합한' 인간의 자기 이해와 관련해 결코 규범적인 성찰들을 시도하지 않는다. 종장 "지식의 의지"에서 푸코가 기술할 때 유일하게 하나의 입장이 분명히 나타난다. "성"이란 개념은 "해부학적인 요소들, 생물학적인 기능들, 행동 방식들, 감정들과 쾌락들을 인위적인 하나의 일원성에서 종합하는 것을 가능하게 했고, 이 허구적인 일원성을 근원적인 원리, 즉 편재(遍在)하는 의미와 도처에서 암호를 해독하게 될 비밀로 기능을 발휘하는 것을 가능하게 했다. 다시 말해 성은 유일한 기호표시체이자 보편적인 기호의미부로 기능을 발휘하는 것을 가능하게 했다."[72] 그는 계속한다. "성은 자율적 기관이고 권력과 성의 접촉하는 표면에서 다양한 결과들을 야기하는 기관이라는 표상으로부터 우리는 출발하자."[73] 역사적인 성 계획의 해석을 통해 우리에게 암시되는 바와 같이, 우리를 해방시키지 않으면 안 되는 기존의 성 가설을 통해서 우리는 우리들의 정체성을 발견하지 못한다. 그러나 우리는 푸

---

72) 푸코 : 『앎에의 의지』, 184.
73) 앞의 책, 185.

코가 정체성을 추정하는 그곳, 즉 모든 사회적인 모든 규제의 전략에 "앞서" 있는 성애에서 정체성을 발견하는 것인가?

그래서 버틀러는 푸코에게 그가 지배의 개념을 같이 허물지 않는 것을 항의한다. "푸코에게서는 해방된 성애가 항상 이미 문화적으로 구조화되어 있고, 권력의 역학으로 가득 차 있으며, 그 때문에 푸코가 해방을 성취해야 할 ⋯ 억압적인 문화와 똑같이 정치적인 딜레마를 산출한다. 그의 전략을 한번 언급해본다면, 권력의 법률적 모델이 억압과 규제로 더 이상 주도권을 잡지 못하도록 하기 위해 권력 관계들 자체를 극복하는 데 있지 않고, 성에 대한 권력 관계들의 서로 다른 일정한 형태들을 배가하여 폭로하는 데 있다."74) 버틀러가 성의 구성 부분으로 권력 개념의 고수를 거부하는 것은 이해할 만하다. 왜냐하면 권력은 남성의 성 계획의 해석과 분리될 수 없고, 그 결과 권력 관계들이 권력과 성을 꿰뚫어본 관련의 토대 위에서 권력 관계 그 자체에 대한 다른 관계를 구축할 수 있는 한, 일정한 권력 관계들에서 오는 성 도덕의 태생에 대한 성 도덕의 진상 규명은 경우에 따라 남성들에게 그들을 성으로부터 해방시키는 성과를 주기 때문이다. 그러나 동시에 여성들에게는 권력이란 요인이 성의 규정 계기로 있는 한 여성적 본질을 여전히 남성적 본질의 부정적인 모사 혹은 반대의 상으로서 생각하는 것을 강요받고 있기 때문에 어떤 것도 획득하지 못한다.

---

74) 버틀러 : 「섹스와 성 테마에 대한 변화들」, 69. 또한 버틀러 : 「성들의 불쾌」, 142 이하.

3) 남성중심주의의 해체?

전통적 윤리학의 주요 단계들로 통하는 통로에서 밝혀진 바
와 같이 남성중심주의는 형이상학적인 본질주의의 '경직된' 이
상으로부터 출발해서 반형이상학적인 실존주의의 '부드러운'
통일성의 개념을 거쳐 포스트모던적인 일원성의 분산과 다양
성에 이르기까지 일관되게 변화했고, 그 변화는 (남성적인) 성
정체성의 이해를 지속적으로 변화시켰다. 그러나 전통적 논구
의 메커니즘이 제거된 이후 이분법적 대립들이 다시 형성되거
나 새로운 지배 구조들이 관철되는 일 없이, 자유로워진 영역
에서 통일에 관한 새롭게 구상된 표상들을 근거로 해서 여성의
성 정체성의 근본적인 새로운 이해가 확립될 수 있는지는 물론
해결되지 않는 하나의 의문이다.

남성적이다와 여성적이다의 대립 문제를 소멸시키기 위하여
리요타르는 사람들이 본래 철학하는 것을 중단해야 한다고 생
각한다. "왜냐하면 이 대립은 오직 철학적인(그리고 정치적인)
방법을 근거로 해서, 즉 남성적인 사유75)에서 오는 대립으로서
존재하기 때문이다." 전쟁과 성의 결합 법칙이 괴로워하는 것
보다 차라리 죽는 것이 낫다는76) 내용으로 되어 있는 "전쟁과
성의 위대한 남성적 결합"에 그는 역점을 둔다. 리요타르에게
'남성적이다'라는 것은 해부학에 관계없이 죽음에 대한 의식적
인 관계를 갖는 것과 제국주의적인 수단들을 써서 죽음에 저항

75) 리요타르 : 「여자들의 투쟁에 투입」, 『반정립 ― 오늘날 지각 혹은 다른 미
학의 관점들』, Leipzig 1990, 142-156 : 인용 143.
76) 앞의 책, 150.

하는 것을 의미한다.77) 따라서 다른 성에 대한 관계는 다음과 같이 규정된다. "남성적인 기독교의 서구는 여성들을 존중하지 않고 처녀의 모체에 투자되어 있는, 그리고 어머니의 뱃속에서 채굴된 자기 자신의 재생산만을 존중한다."78)

또한 성 차이의 동질화는 결국 남성의 패권주위의 위장된 형식들에 불과하기 때문에, 즉 남성적인 것의 일원성의 잣대에 의해, 뒤집을 수 없는 여성적인 것의 불법적 탈취 이외의 어떠한 것도 아니기 때문에, 비록 항상 닮아가는 동질화 시도를 통해서도 성 차이를 세상에서 추방하지 말 것을 리요타르는 경고한다. 신체들은 해체되어 오히려 "잠재력들의 퍼즐"로, "효과적이고 집중적인 요소들의 편린"으로 변형되지 않으면 안 되고79) 따라서 여러 차이들이 개인들 사이에서 굳어진 경계들로서가 아니라 신체들의 표면 위를 가로질러 사라질 정도로 해체되어야 한다. 이것은 논구의 다른 유형을 전제한다. 이론들과 가정들을 허구들이 대신해야 하고 이 허구들이 언어적인 영역을 초

---

77) 이러한 의미에서 여성이 죽는 것에 대한 공포를 극복할 수 있는 한, '남성적'일 수 있다. "실제로 문명화된 여성들은 죽은 자들이고 남성들이다"(앞의 책, 144). 물론 나에게는 사람들이 리요타르의 의미에서 '남성적'인 것과 '여성적'인 것의 구별을 죽음에 대한 관계를 통해 : "죽을 수 있는 육체는 '남성적'이고 … 소멸을 모르는 육체는 여성적이다"(앞의 책)라고 할 만큼 규정할 수 있는가 어떤가는 나에게 의문이 든다. 여성들은 죽는 것과 죽음에 대해 다른 관계를 갖는다. 여성의 앎은 투쟁, 영웅주의, 승리와 패전의 연상을 통한 전쟁터의 패러다임에서 확립되지 않고 일상적인 삶의 경험에서 기인한다. 여성들의 표상들은 출산의 모험, 중병들과 늙은 가족 성원들의 보살핌과 연결된다. 죽음과 죽는다는 것은 말하자면 자연적인 현상들이지, 자기와 같은 유의 성원에게 가장 외적인 폭력 사용의 결과는 아니다.

78) 앞의 책, 148.

79) 앞의 책, 150, 152.

월한 언어의 분쇄, 특히 "항상 서양, 특히 그리스의 남성성의 언어"인 철학 언어를 분쇄하도록 투입되지 않으면 안 된다.[80] 리요타르는 현실성 그 자체와 전혀 관계가 없는 의미 구성을 가능하게 하는 언어학적인 영역을 초월한 질서가 존재한다는 것을 논박함으로써 이리가레이가 옳다는 것을 시인한다. "여성 운동이 엄청난 의의를 갖는다면 … 그것은 여성 운동이 일상적인 언술에 얽매이지 않는 영역 초월의 언술적인 개념-진술의 독립성에 대한 (남성적인) 신앙을 공격하고 분쇄하기 때문에 그렇다."[81] 정치적인 남근상과 철학적인 형이상학 언어에 관한 무언의 동의는 의미의 구성을 사실성으로부터 분리하고, 이 사실성을 허위적으로 주장하는 지금까지의 논구를 유리하게 했다. 초경험적인 세계의 이름에서 진리가 박탈당한 사실적인 영역에 여성들은 소속되었다. "여성들은 … 거짓이기 때문에, 무엇이 (남성들의) 지배를 끊임없이 비밀로 하였는가 그리고 무엇이 서양의 가장 위대한 혁명이 되는가를 발견한다. 즉, 결코 기호표시체는 존재하지 않거나 모든 계급들의 계급은 심지어 하나의 계급이라는 것을 여성들은 발견한다. 혹은 우리들 서양 사람들은 우리들의 공간과 시간 그리고 우리들의 전 논리학을 비동일성, 비궁극성과 비진리의 토대 위에 새롭게 만들지 않으면 안 된다"[82]는 것을 발견한다.

---

80) 앞의 책, 153.

81) 앞의 책, 154,

82) 앞의 책, 155.

남성중심주의 윤리학에 대한 대략적인 파악에서 우리는 페미니즘 윤리학의 길을 넓힌 여성 학자들이 얼마나 많은 어려움과 대결하고 있는지 알 수 있다. 그녀들이 전통적인 도덕 철학과 그것의 일면성을 피하는 윤리학 개념에 어떻게 도달할 수 있는가 하는 물음은, 그녀들에게 최고의 주의력을 요구하는 협로를 항해하는 것을 강요한다. 여성학자들이 로고스의 전쟁터에서 자신의 무기를 가지고 적을 넘어뜨리기 위해 남성적으로 마련된 사유 구조들과 행위 유형들에 맞서서 투쟁할 때, 협로의 한쪽에서는 로고스중심주의의 괴물 스킬라(Skylla)가 삼키려고 위협한다. 남성중심주의의 원리들에 얽히는 중에 그 원리들의 우위를 인정하는 위험은 크다. 협로의 다른 한쪽에서는 지배 담론을 새롭게 쓰는 대신 남성적인 것의 극단적인 배제를 통해 창끝을 오직 역방향으로 향하게 되고, 그럼으로써 옛 지배 담론을 오직 여성적인 지배 담론으로 계속 사용하려는 여성학의 소용돌이 카리브디스(Charybdis)가 매복하고 있다. 이 여성학의 소용돌이는 권력의 담론을 새롭게 쓰는 대신 모든 남성적인 것의 극단적인 배제를 통해 창끝을 반대로 돌리는 동시에 옛 권력의 담론을 오직 여성적인 권력의 담론으로 계속 쓰려고 한다. 그렇기에 앞으로 얼마동안 목표를 똑바로 향하고 과도기적인 배를 저어가야 할 페미니즘 여성학자들의 항로는 잔잔하지 않다 : 그녀들의 목표는 이원성과 다양성을 좀더 풍부한 요인들로 평가하는 동일성을 부여하는 통일에 대한 초안을 기획하는 일이며, 이런 새로운 통일 없이는 성적으로 차이가 있게 된 인간의 삶의 형식이 결코 통합성을 획득하지 못한다.

제 3 장
페미니즘 윤리학의 발단들

서양 철학의 남성 중심적인 윤리학은 행위 이론들과 규범 이론들의 원칙들을 기초로 하고 있다. 그리고 그 원칙들의 소위 말하는 성 중립성의 배후에는 한쪽 성 위주의, 남성 자신에게서 기인하고 자기 자신의 영향력을 계속 행사하려는 일원성에 대한 남성적 형이상학의 이상이 은폐되어 있다. 여성적인 자기 이해를 독창적으로 표현하고 있는 새로운 존재 형식들과 삶의 형식들이 창안되고 검증되기 위한 전제 조건으로서 일원성의 이 계보적 가설과 이 위에 기초한 동일성의 가설을 꿰뚫어보는 것은 긴요하다.

페미니즘 윤리학의 완결된 독립적인 이론들은 아직 존재하지 않는다. 분노한 여성들의 실재에 관련된 성찰들이 윤리학의 전통적 시스템들에 대한 비판적 대결에 아직도 지나치게 빠져 있다. 그러나 이 비판적 담론은 논증적인 구분을 통해 간격을 획득하고 규범 구조와 가치 구조에 대한 시각을 자유롭게 획득하기 위해 그 비판적 대결은 필요하다. 행위를 규정하는 그런 구조의 힘은 감성적인 것과 개별적인 것을 억압하는 남성적 이성의 권력 요구들과 지배 요구들에 근거하지 않고, 이성을 개별적 차이가 나는 것에 봉사하도록 함으로써 추상적-보편적인 것을 다시 구체적-특수적인 것에 연결하는 하나의 통합적인 자기 이해에 근거한다.

지난 20년 동안 — 특히 신학, 심리학, 철학의 영역에서 — 일련의 페미니즘 윤리학의 발단들이 형성되었고, 그 발단들은 발달과 전진을 통해 완성을 기대하게 되었다.

1. 신학적 모델

비판적 목소리로 기존의 지배적인 신학 담론을 방해하기 시작했던 첫 번째 학자들에 속한 사람은 여성 신학자들이었다는 것은 놀랄 일이 전혀 아니다. 그러나 그녀들은 그 전부터 그 담론에 참여하지 못했을 뿐 아니라 교회 제직들에서 제외되어 있었다. 교회에서 경건하고 신을 공경하는 양들이 될 것으로 즐겨 여겨졌던 그녀들을 사람들은 사제직의 역할에서 끈질기고 지속적으로 떼어놓았으며 떼어놓고 있다.

신이 인간들을 자신의 상에 따라 창조했다면, 신이 비록 비성별적이고 초성별적인 존재로 생각되지 않는다 할지라도 왜

신이 남성과 똑같이 여성으로서 표상될 수 없는 것인지 이해되지 않는다. 그러나 그리스 형이상학자들의 전형적 남성 중심주의적인 행동 방식에 따르면, 기독교의 창조신이 계보학적인 원리의 의미에서 일체가 발원하는 근원적인 일자의 남성적인 권위의 화신으로서 파악되는 것은 지극히 자명하다. 그리고 이 남성적 신이 아버지 역할을 해서 낳은 사람이 바로 아들이란 것은 마찬가지로 자명하다. 신의 아들은 또다시 자신을 육체적으로 증식시키지 않고, 그가 자신의 정신을 심어놓은 제자들과 교제한다. 따라서 페미니즘 여성 신학자들은 종교적 차원에서 다반사인 여성 차별적 언어에 대해 여러 면에서 비판을 시작하고, 정통-교리적으로 날조된 선입견들을 통해서도 결코 오류를 범하지 않는 성경 독해를 뒷받침해서 하나의 다른 신상에 이를 것을 시도한다. 이 신상은 고조된 남성적인 잠재 능력의 갈망들을 영감과 하나의 어머니 신에 관한 여성적인 표상들로 보충하려 한다. 이 어머니 신은 여성 신학자들에 따르면 창조 행위에서 다양한 차이가 있는 존재로 세계를 낳았지, 대립이 없는 일원성에 길들여진 정신의 천편일률적인 틀로 세계를 낳지 않았다.

쉴레(Dorothee Sölle)는 "승리자-기독론"의 반대를 주장한다 : "슈퍼맨 이외의 어떤 것도 될 수 없는 유일한 신은 지금까지 남성들에 의해 지배된 문화 수준에서 행동한다. 전지하신 하느님, 온 세상에 임하시는 하느님, 전능하신 하느님으로서 신은 그의 지배와 그의 주인-존재를 보장하는 수식어들을 붙여서 불린다." 그것과는 반대로 그녀의 기독론의 중심점에는 "십자가에 못 박힌 예수"가 있다. "그 분이야말로 힘없고, 내가 바르게 생각한 어떤 것을 살았던 분이요, 사랑의 이 강함 외에 누구를 강요하는 어떤 힘도 없는 분이요, 일체의 환호 없이 모든 힘을 박탈당하고, 따라서 힘이 없는 사랑으로 있는 분이다."[1]

1) 자매들의 행동 공동체

1970년대 초에 부권적으로 받아들인 기독교에 대한 반대 시위가 공공연하게 일어났고 극단적인 해방신학의 길을 열었던 미국에서 신학적인 페미니즘 윤리학은 그 뿌리를 뻗었다. 델리(Mary Daly)는 위장된 신학의 사유 도식들과 의식들에 대해 혹독한 비판을 가함으로써 그녀는 해방신학에서 여성 개척자로서 영향력을 발휘했다. 그녀의 비판은 남근 중심적인 도덕의 종말을 고했고, 자매 공동체를 기존 교회에 반대하는 공동체로 예고했다. 1973년에 보스턴에서 출간된 『하느님 아들 주식회사를 뛰어넘어』[2]에서 그녀에게는 "새로운 모델의 에너지 발견과, 좀더 많은 여성에너지의 분출"(XII)을 목표로 다룬다. 그때 그녀는 완고한 단어 창조를 사용해서 조상들의 언어에서 묵살되었거나 사장되었던 그 다른 실재를 언어화하는 것을 시도한다.

---

1) 쉴레 : 『우리가 장차 무엇이 될지 아직 보이지 않는다 — 페미니즘 신학의 경유지』, München 1987, 134, 157. 또한 『환상과 복종 — 미래의 기독교 윤리에 대한 성찰들』, Stuttgart / Berlin 1978 참조.
2) 원작의 명칭은 더 도전적이 아니다. 하느님 아버지를 넘어서 : 여성 해방의 철학을 향해서. 독일어판은 1980년에 München에서 출판되었다. 부제 : 여성 해방 철학 궐기. 1988년의 제5판에 새로운 서문이 실렸고, 거기에서 델리는 총 성과를 짚어본다. 다음은 이 판에 따라 인용된다.

"말을 하는 것은 형태를 변화시키는 힘들의 표현이며, 의미들과 리듬들은 엮이고, 원천적 힘과 원천들이 분출된다. 언어를 직조하는 여성들은 인습적인 의미의 세포들로부터 단어들을 해방시키고 단어들을 결합한 결과 근원적인 의미들을 다시 매개한다"(XVII). 언어 개혁에 진력한 델리에게 특히 중요한 것은 여성 관련적인 통합과 실천의 구성 요소로서 우주적 과정과, 생성을 표현해야 하는 역동적이고 능동적인 동사들의 특징을 되찾기다. 예를 들어 그녀는 인간 존재를 "끊임없는 과정의 도상의 존재"로 기술하고, 반면에 그녀는 자기 발달과 자기 생성의 표시로서 단어 "되어감"을 선호한다. 델리는 기독교 자체를 확 바꾸려하지는 않는다. 예수는 그녀에게 페미니스트다. 오히려 그녀에게 중요한 것은 기독교 윤리 이론과 사회 이론의 성 차별주의를 돕는 남성적 상징의 파괴가 중요하다. "왜냐하면 여성 혁명이 여성의 가장 근원적인 본성의 힘을 따르고 있는 한 그것은 존재론적이고 정신적인 혁명임을 밝히는 것이 나의 목표이고, 그런 혁명은 성 차별적인 사회의 우상 숭배를 뛰어넘어 초월 가운데서 불붙고 초월로 창조적 행위를 불붙이기 때문이다"(20). 델리는 그녀의 독특하고 유연하면서도 노골적인 언어를 사용해서 "남성우월주의-종교"(129)에 항전하고 "폭력, 민족 살해와 전쟁의 불경스런 삼위일체"(143)를 비난한다. 한편으로 모든 죄를 여성들에게 전가시키고, 다른 한편으로 억압 내지 말살을 말하자면 위생적 처치로서 정당화할 수 있는 바로 그런 타민족과 타인종들에게 모든 죄를 또한 전가시키기 위하여 기독교 신학자들은 원죄의 신화를 이용함으로써 기독교의 신학자들이 초남성적 불손에서 근거로 삼는 그들의 부권적인 희생양의 이데올로기를 그녀는 폭로한다. 창녀들은 남성들의 섹스의 안전"판" 노릇을 하게 하는(79) 반면, 혼인상의 사유 재산인 존중받은 귀부인의 덕은 더럽혀지지 않도록 하는 동시에 "남성들을 위한 배설구로" 이용되는 것을 방지하도록 하기 위해 기방의 설치를 필연적으로 만드는 욕망 그리고 모든 일들을 더럽히는 욕망들은 자세히 관찰하면 도대체 누구의 욕망인지를 그녀는 도전적으로 질문한다. 더 나아가 음탕한 형이상학적인 남성의 망상에 대하여 "여성의 피에 대한 채워지지 않는 남성의 갈망"이 여성들에게서 그녀들의 육체와 정신을 빼앗아갔음을 그녀는 비난한다. "남성성에 휘말려 들어간 남성은 마치 드라큘라처럼 여성의 피를 빨아먹고 산다. 아마도 이것은 부권적 관습이 왜 여성의 피에 대하여 공포감을 갖는가에 대한 이유다. 부족의 제사장들은 인육을 먹었고, 희생양의 피를 그들의 칼에 적신다. 그러나 그들은 누가 실제로 희생물이었는가, 그들의 기식적인 존재가 누구의 피로 양육되었는지를 결코 알려고 하지 않는다"(194). 델리에 의해서 "레이스 깃이 달린 예복의 사제"로 표기된 성직자들에게 그녀는 여성적인 기능들의 불법적 탈취를 책망한다. 그들은 성사를 행하는 데에 여성의 기능들을 초자연적인 것으로 뒤집어놓고 그 기능들을 자신들의 능력으로 참칭했다. 그들은 세례로써 출생의 권능을 찬탈했다. 부양과 보양, 위로의 삶의 중요한 과제들을 성찬, 견진성사와 종부성사(217)를 통해 독점했다. 결국에 그들은 "물론 신부님들로 불렸던 성유를 바른 남성적인 어머니들"(218)은 어머니 역할을 장악했다. 델리는 그들의 "정신적인 성전환주의"(218)를 이성모방증의 한 형식으로 폭로함으로써 사제들의 그런 태도에 대해 온갖 조롱을 퍼부었다.[3]

이런 배경에서 델리가 이성적 성향의 윤리학 대신에 용기의 윤리학을 선언하는 것은(17) 이해가 된다. 왜냐하면 그녀의 해방 방법은 남근 중심적인 가치 체계(23)의 거세, 다시 말해 "우리 모두의 거룩한 하느님 아버지이고 보편적인 권력 정치에 푹 빠진"(24) 그와 같은 체계의 탈남성화를 착수하기 때문이다. 이런 신의 탈남성화는 물론 "신의 살인"(26)이지만 그런 살인은 새로운 신에 대한 이해의 길을 자유롭게 하기 위해 필연적이다.

억압하고 서열화하고 양극화하는 모든 남성의 사유 모델을 뛰어넘어 델리가 요구하는 것은 "정신상 전체적인 인간들"(63)[4]의 의미에서 자웅동체의 고결한 품행이다. 이 목표에 도달하기 위해 여성들은 좀더 '아니요'를 말하지 않으면 안 된다 : 여성들에게 "보완하는 부분"의 역할을(40 이하) 하도록 판결을 내리는

---

3) "모든 부인들은 성스러운 남성 그룹에 입회하는 데 부적격자라는 공공적인 사실을 강조하기 위해 레이스 깃이 달린 예복의 사제들은 그들의 동료들이 사제복을 입는 것을 계율로 했다. 사태를 더욱 분명히 하기 위해 그들은 특별한 일들을 마련한다. 그러한 일에 참여할 때는 추가해서 남성-클럽의 예복을 입어야 했다. 그러한 장비들에는 부드럽고 하얀색의 레이스가 달린 망토와 규정된 형식과 색깔 있는 장신구가 해당된다. 리더들은 실크의 양발을 신어야 하며 끝이 뾰족한 모자, 진홍빛 옷들과 족제비 털의 외투를 꼭 입어야 하는데, 그렇게 함으로써 물질적인 일에 대한 무관심과 정신적인 직업에 대한 헌신을 돋보이게 했다"(218).

4) Mary Daly는 나중에는 단어 "자웅동체"를 전체적인 삶의 모범을 나타내는 표시로 단념했다. "내가 공공적인 무효 선언에서 늘 말한 것처럼, 그 단어는 일종의 잡종이다 — 그것은 'John Travolta와 Farrah Fawcett 소령이 투명 테이프로 서로 붙이는' 것과 똑같이 어떤 것을 매개한다"(8).

기형적인 보조 원리에 대해 '아니요'를, 여성들을 악의 총체적인 개념으로 낙인찍힌(84) 희생양의 역할에 대해 '아니요'를, "여성적인 것을 강조하는 윤리학"을 통해 여성에게 짐을 지우는 희생 도덕에 대해 다함께 '아니요'를 말해야 한다. 여성적인 것을 강조하는 그 윤리학은 여성들에게 천성적으로 약한 도덕 감을 증명하는, 그리고 이 비극적인 결함을 통해 그녀들에게 설정된 한계의 틀에서 그녀들의 실천적 능력들에게 자기 상실성과 희생적인 사랑을 맹세하게 하는 남성 중심의 윤리학의 잘못된 산물일 뿐이다(120 이하).

여성들의 분노를 통해서 가능한 새로운 윤리학의 대두에 대해 그녀의 표상을 묘사하기 위해서 델리는 니체의 형이상학 비판과 도덕 비판, 종교 비판의 과정에서 적용하여 논란을 일으켰던 니체의 언어 — 신은 죽었다, 아폴론적-디오니소스적 대립의 짝, 선악의 피안, 모든 가치의 전도 — 를 사용한다. 디오니소스적인 페미니즘 윤리학은 "미학적이고 직관적이며 실천적인 정신의 기능들"로부터 단절된 아폴론적 이성(123)과 그것의 성 차별적인 세습적 계급 체계를 더 이상 목표로 삼지 않는다. 오히려 그녀는 여성들의 자기-자신의 발견 속에서 어떤 새로운 창조의 우주적이고 종교적인 비전을 발달시킨다(87). "이런 관점에서 보면 반(反)기독교와 여성들의 제2의 도래는 동의어다. 제2의 도래는 그리스도의 재림이 아니고 부권 제도의 시작 이래 쇠사슬에 얽매어 있던 … 옛날에 강하고 막강했던 여성 존재 방식의 재림이다. 페미니즘은 자신의 존재론적인 토대들에게 얼마나 충실할 수 있느냐에 달려 있고, 그것은 다시 틀에 박힌 상징에 사로잡히는 것을 거부한다. 그것은 우리 모두를 파괴하는 이분법과 계급 조직으로 분류하는 성애적인 에토스로부터 남성들과 여성들의 해방을 의미한다. 또한 과거로 '회귀'하는 것이 전혀 아니고 자웅동체에 하나의 질적 비약을 의미한다"(116).

델리는 신을 더 이상 명사로 이해하려 하지 않고 목적 관계를 갖지 않고 모든 목적화를 벗어나는, "모든 동사 중의 동사"(49)로 이해하려 한다(199). 이 동사의 원동력은 강제성 없는 나-너 관계에서 자신을 발달시키고, 이 관계는 반(反)교회로서 자매 공동체의 바탕을 만든다. 자매 공동체는 단순히 형제 공동체에 대한 여성적인 대조물이 아니고, 전체적인 (자웅동체의) 인간들의 공동체, 모든 성원이 그 안에서 어느 성을 갖든지 상관없이 완전히 성원 자신이 될 수 있는 하나의 공동체의 이름이다. "가장 성스럽고 총체적인 삼위일체, 즉 권능, 정의, 사랑"(148)은 다원성과 차이성을 억압하지 않고 차별하지도 않는 통일, 즉 조화로운 통일 가운데 있는 존재론적 측면에 뿌리를 내리고 있다. 이 통일은 개별적인 것과 특수적인 것의 다양성을 유익성의 모체로 보고, 우주의 총체성에서 인간 존재와 행위가 그 모체로부터 영양 공급을 받는다. "우주적인 동맹으로서의 자매 공동체는 우주가 새롭게 불림을 의미한다"(180). 델리는 모든 인간과 지구를 껴안은 전체성을 구현하기 위해 반드시 필요한 "우주"(193 이하)에 관해서 말한다. "자연 그대로의 힘으로 덮여 가려진 뇌는 본질적으로 결코 기술적인 오성으로 만들어 있지 않고 존재론적인 이성, 즉, 권능과 정의, 사랑이 조화롭게 서로 만나는 영역으로 만들어진다. 우주적인 동맹은 이 조화의

발견이다"(196).5)

델리와 니체의 길들이 새로운 인간의 개념에서 볼 때 서로 다르다 할지라도 델리의 윤리적 발단은 그것의 극단성에서 니체의 도덕 비판과 완전히 비교될 수 있다. 기독교는 전능한 신의 이름으로 개인들을 굴복시키고 노예로 만든다. 이 신은 감성에 우월한 정신의 승리를 요구하고, 그래서 신의 집행의 조력자로서 성직자들에게 신의 의지를 표현해야 하는 도덕적인 규정들을 이용해 신자들의 소망과 관심의 만족을 방해하는 권리를 부여한다. 남성들은 — 성직자들에 의해 우대받는 사람으로서 — 지배적 행동의 범례를 내면화하고 이제 그들의 편에서 여성들을 육체적 정신적으로 겸손하게 하기 위해 여성에 대한 남성의 육체적 우월성을 이용하는 신학적 억압의 메커니즘은, 델리의 생각에 따르면 더욱 격렬해진다. 이런 근거에서 그녀는 언어의 근원인 의미에서 극단적 페미니즘을 대표한다 : 남성들의 실천적 자기 이해가 권력 독점에 머물고 있는 한 여성들 자신의 열등 가치적 인간 존재, 즉 반쪽의 인간 존재에 대한 여성들의 분노가 헛되기 때문에, 우리는 악의 뿌리를 움켜잡고 부권적인 신의 개념과 함께 악을 뽑아내야 한다. 그것에서 결과하는 의미의 공백을 니체와 델리는 개인적인 자기 이해의 내재로 초월을 귀환시킴으로써 지양하고자 했다. 자기 자신을 제어

---

5) 그녀의 후기의 책들, 『유전자-생태학 — 극단적인 페미니즘의 메타윤리학』(München 1985), 『순수한 쾌락 — 기초-페미니즘 철학』(München 1986)에서, 델리는 가부장의 "학대-의식-증후군"에 대한 그녀의 논쟁을 계속했고, 동시에 자연과의 조화에서 새로운 하나의 통합된 삶의 형식에 대한 그녀의 사상을 발전시켰다.

하고 타의지의 명령에 의존하지 않는 사람만이 참으로 자유로우며, 자신의 행위를 스스로 정리된 규범들과 가치 표상들에 따라 규정할 수 있다. 그런 개인은 기독교적인 인간학을 극복했기 때문에, 그는 니체에 의하면 초인이다. 그러나 니체에 의해 강한 남성적인 개인들의 조건인 것을 델리는 여성들에도 요청한다 : 여성 자신의 최고의 감성 능력에서 나오는 행위를 요구한다. 동시에 그녀의 전체성의 인간 개념은 ― 니체의 고독 가운데 인간 자신을 실현하는 주체로서의 초인의 표상을 뛰어넘어 ― 우주의 행위 공동체의 구성원으로 더불어 사는 인간들과의 집단적 결속을 본질적으로 함께 포함한다.

2) 감성의 영성

해방신학의 분야를 주도하는 미국의 다른 여성 윤리학자는 해리슨(Beverly Harrison)이다. 그녀는 자신의 책 『여성들의 새로운 윤리학 ― 단순한 복종 대신에 역동적인 관계들』[6]에서 상호성의 원리를 토대로 하는 그리고 감성의 영성을 요구한 페미니즘의 도덕신학의 토대들을 완성했다. 또한 델리와의 접목에서 그녀는 "페미니즘 유신론은 부동과 불변으로 이해되는 신의 자리를 결코 갖지 않으며, 여성의 경험에서 오는 성스러운 것이 과정과 운동의 의미에서 더 좋게 보인다는 것"(12)을 강조한다. 그러나 동사로서 신에 대한 델리의 표상은 그녀에게 그

---

6) 책은 1991년에 Stuttgart에서 출판되었고, Boston에서 출판된 작품,『가교를 만듦 ― 페미니스트의 사회윤리학 소론들』의 독일어 축소판과 같다.

렇게 만족을 주지 못한다. 그녀에게 그것을 넘어서 중요한 것은 "삶을 위한 인간 투쟁의 의미를 우리의 신의 이해에 통합하는 것이다. 인간의 활동 능력에 신에 대한 메타포를 열어주는 것, 은유를 극단적인 창조성뿐 아니라 극단적인 도덕적 힘으로 활짝 여는 일이 필요하다"(앞의 책). 해리슨은 존재에 비해 행동을 우대하고 인간의 자유 토론 광장으로서 강조함으로써, 그녀는 "신뢰할 만한 방식에서 인간적인 여성들의 힘"(13)을 상기시킨다. 배려와 보호 활동을 매개로 해서 삶의 보장을 꾀하고 인격적인 관계들의 구축을 통해 인간의 존엄성과 공동체를 무엇보다 먼저 만들어내는(15) 비권위적이고 "부드러운" 힘(16)을 상기시킨다.

기독교 도덕신학에 대한 해리슨의 비판은 감각들을 통해 습득된 지식에 비해 "도덕적 비감수성을" 야기하는 이원론적인 사유의 전형과, 그것과 관련되어 있는 "육체 없는 합리성"(17)을 겨냥한다. 이원론적인 세계관의 배경에서 "이것이냐 저것이냐의 논리학"(49)의 틀 안에서는 존재하는 모든 것과, 가치가 있는 모든 것의 대립의 한쪽 극은 높은 것으로 평가되고 이에 반해 다른 쪽 극은 열등한 가치로 전락하며 동시에 그것과 연관해서 종속되고 복종되는 것으로 전락하는 대립들로 분열된다. "또한 성들의 이원론은 언어의 모든 측면에 그대로 자신을 반영하여"(37) 기존의 방식을 물려받아 가치 평가하는 이원론들에게 유사한 경우를 제공한다. "남성 중심"적인 도덕신학의 담론은, 해리슨에 따르면 계급 체계적이고 힘의 불평등을 우대하는 이원론의 전략을 무엇보다도 채택했다. 그 결과 이원론은 육체와 정신의 분리를 정점에 도달하게 했고 무엇보다도 남성들의 교회의 체면 유지자의 패권을 고착시키고, 그 밖의 모든 것을 남성의 탁월한 것으로 고착시키는 사회적 행동 유형을 낳았다.

따라서 그녀는 복종에 고정된 행위의 구조들과 규범들을 논박한다. 심지어 그녀는 모든 비정신적인 것을 저주하고 억압하도록 명령하는 신의 개념에서 도덕의 정당성을 이끌어낸 인종 차별적이고 성 차별적인 도덕주의에 대해 "반항의 신호"(19)로 바로 분노할 것을 호소한다. "기독교적인 페미니즘 윤리학의 과제는 맹목적인 복종의 모든 도덕을 매장하고, 그 대신 존경심에 가득 차서 서로 함께 토론하는 인간에 관한 도덕적 반성의 과정을 정립하는 데 있다"(66).

동시에 해리슨은 상호성과 상호관계성을 토대로 하는 도덕 이해의 모델에 윤곽을 제시했고, 그 모델의 함께 하는 소통의 원리를 권위적인 대치 대신 "관계 안에서의 힘"(64)으로 특징 지었다. 또한 인간의 삶이 "거대한 우주 그물망"(22)으로 나타나도록 하는 모든 사물의 심오하고 총체적인 사회성으로부터 출발한 해리슨은 이원론적인 사유의 도식을 근거로 한 인간과 신 사이에 상호 관계를 배제하는 초월성의 모든 형식들을 거부한다. 그녀에게 예수는 오직 인간들의 상호 영역에서 일어난, 그리고 사회성의 집단적인 것에 뿌리를 뻗고(26 이하) 있는 극단적인 사랑의 한 전형이다. 참다운 기독교의 사랑은 해방 윤리학의 토대 위에서 기본적인 인간 욕구의 만족을 위해 구체적인 참여와 신명을 바침으로써 나타난다. 그때 우주의 다양성과

미를 완전히 세계적으로 포용하는 영성에 의해 지탱되는 "신빙할 만한 종교"(208)가 형성되고, 그 종교의 가치 구조와 규범 규조는 파괴적인 이원론을 통해 인간들을 서로 분열시키지 않고 대립들 간에 하나의 관계를 만든다. 이 관계가 양극들에게 정의가 일어나도록 하고 동시에 개인들과 집단의 총체적인 자기 가치화를 가능하게 한다. "초월의 참다운 경험은 신과의 밀접한 관계에서 서로 해방된 실천이 되도록 연결되었던 인간들 사이에서 분출하는 망아의 힘에서 발생한다. 정의에 대한 공감과 구체적인 정열에서 신은 오늘날 우리 가운데 현존한다"(215).

　제도화된 강제의 메커니즘들을 통해 남성 중심적인 도덕신학이[7] 행동을 규제하려는 메커니즘들로부터 벗어나려는 해방 윤리학에 대한 해리슨의 논증의 강점은 기독교의 부권적인 여자 경멸과 육체적대주의에 대한 그녀의 논박 가운데 나타난다. 기독교의 그런 단점들을 그녀는 낙태 수술, 남성 동성애, 노인이라는 세 가지 예에서[8] 구체적으로 설명한다. 그녀는 여성들에게서 처음부터 여성들의 육체에 대한 권리와 그들의 번식 능력에 대한 자기 책임의 통제권을 박탈하는 선입견들과 독단적인 정립들을 고려해서 낙태 담론을 세밀히 분석한다. 출산 강요의 비이성적인 요구는 조기 발달 단계들의 태아와 성장한 여

---

7) 해리슨은 신교의 윤리학을 이끄는 대표자들과의 논박에서 Karl Barth, Reinhold Niebuhr와 Rudolf Bultmann의 텍스트에 관계한다(56 이하 참조).
8) 『임신들에 대한 결단의 자유 — 페미니즘의 사회윤리학의 예』(69-102) : 『이중 도덕의 추문 — 여자 적대성과 남성 동성애자에 대한 공포』(105-133) : 『아무것도 생산하지 못한 사람, 그 사람은 아무것도 아니다. 사회의 눈들에서 노인들의 가치』(137-162).

자의 완전히 발달한 생명 사이의 비중이 이성적으로 어떻게 검토될 수 있는가라는 성찰을 잃어버리게 한다. 폭발적인 세계 인구의 문제점들을 완전히 도외시한다면, 남성들이 소위 말하는 정당한 전쟁이나 이데올로기적인 분쟁들을 이유로 그들과 같은 사람들의 살인의 다양한 형태들을 정당시하는 당연한 태도를 고려해보면, 노예의 현대적인 형식을 확립하는 낙태 금지는 해리슨의 눈에 부조리한 느낌을 준다. 낙태에 대해 숙명적으로 항전하는 대신 원하지 않는 임신들을 성에 관한 좀더 좋은 계몽을 통해, 남성들에 의해 저질러진 여성에 대한 성폭력을 고발에 의해 감소시킴으로써 낙태 수치가 떨어지는 데에 모든 노력을 투입할 것을 그녀는 제안한다.

유일한 예외로서만 오직 비성 생활 혹은 독신을 허락하는 교회에 의해 규정된 이성애의 속박을 해리슨은 앞서와 같이 날카롭게 비판한다. 그녀의 해석에 따르면, 여성들은 똑같이 적용한 이원론적인 도식에 따라 열등한 자로 여겨지기 때문에 남성 동성애에 투영된 것은 바로 여성들의 오점이다. "동성애의 남성들은 여성들보다 더 좋지 못한 좌절된 남성으로 느껴진다"(113). 그들은 진정한, 능동적인 남성의 규범과 자연의 성 생활에 일치하지 않는다. 그 결과 하나의 경직된 육체 관계에서 쌓였던 남성 동성애자의 증오가 '일상적인' 행동 방식의 이탈을 감행하고 동시에 더불어 사는 인간 관계들의 규정으로서 서열화 모델을 의문시하는 것을 감행하는 바로 그 사람들에게 향한다. 따라서 남성 동성애적인 남성들의 여성화는 성적으로 이탈한 자를 다시 모든 육체적인 것의 우위에 있는 정신적인 것의 지배를 받도록 강요하고, 옛 지배 관계들을 관철하려는 하나의 전략이다. 해리슨은 또한 여기서 이원론적인 가치 전형을 문제시하고, 기독교의 성 윤리학에 대하여 감성의 영성에 관한 그녀의 표상을 대립시킨다. 우리들은 그러한 표상에 의거해서 감각들을 교량으로 하여 사물들과 연관되어 있다. "우리의 성은 세계와 우리의 가장 심도 있는 상호 관계를 구현한다"(128 이하). 따라서 "성 생활은 육체와 정신의 이원론으로부터 자유로운 성 생활의 전체적인 접근"을 요구한다. 지배와 폭력, 소유의 패러다임 대신 자신의 자기 존재에서 타자를 존중하는 상호 존경이 대신해야 한다.

해리슨의 마지막 예는 "이 세상에서 다양함과 차이를 관용하지"(120) 못하는 우리의 무능력이 얼마나 큰가를 인식하도록 한다. 문화와 도덕의 가치들을 부정하고 오직 이윤만을 추구하는 사회 생산 체계의 절대화에서 초래하는 노인 적대 문제다. 또한 이런 사회에서 신체를 부인하는 반감성의 일면적인 주도권이 경제적인 합리성과 결합함으로써 다시 타당한 것으로 주장된다.[9] 인간의 가치는 돈을 버는 능력을 기준으로 측정된다. 노인들은 이런 관점에서 지나치게 유용성이 없는 한 사회적으로 성적으로 권리를 박탈당한다. 이에 반대하여 해리슨은 또 한번 이원론이 아닌, 지배로부터 자유로운 상호 관계의 원리를

---

9) 쉘레는 이런 연관에서 "인간을 형태가 없는 그리고 형태의 능력이 없는 두 종류로 환원"시키는 일에 관해서 말한다. 인간은 자신의 육체적 적대성을 근거로 하여 "정서가 없는 문맹인"으로 되어버린다(그리고 우리가 장차 어떤 사람이 될 것인가는 아직도 나타나지 않았다 : 앞의 책, 70, 96). "테크노크라시적인 우리의 남성우월주의 문화"가 입력되어야 하고 기름을 발라줘야 하는 기계를 보는 것과 똑같이 육체를 본다. 그리하여 인간이 더 이상 쓸모가 없을 때, 전 인간은 아무것에도 더 이상 쓸모가 없게 된다.

근거로 내놓는다. 이 원리는 인격적이고 개인적이며 육체와 정신 관계의 측면에서 감성을 긍정하고, 그리하여 자연적인 유한성을 포함시키고, 사회적인 영역에서 상이성들과 타자성을 포함하여 더불어 함께 하는 사람들의 자유에 대한 존경을 상호 작용하고 있는 모든 행동의 토대로 만든다.

신학을 비판하는 페미니즘 여성학자들이 이상하게 보이는 것은 그녀들이 결코 무신론에 찬성하지 않는다는 것이다. 그들은 정반대로 인간 행위의 의미에 대한 물음은 신과 관계없이는 대답할 수 없다는 것을 고수한다, 그러나 그들의 언어 개혁적인 노력들을 진행하는 중에 전통적인 신상이 바뀐다. 말하자면 신상은 탈실체화되고 그것의 위협적인 초능력은 박탈되며 초지상적인 피안의 도달할 수 없는 아득한 먼 곳으로부터 이 세상 쪽으로 옮겨진다. 신을 여신으로 바꾸는 일, 부권제의 사회적인 권력 관계들을 모권 사회로 바꾸는 일을 그녀들은 전혀 생각하지 않는다. 델리와 해리슨은 지배적인 구조들을 유지하면서 차이 있는 것, 대립적인 것, 다양한 것을 불필요한 것으로 보지 않고, 엄격한 계급 체계적인 규칙 체계에 종속시키지 않으며, 풍요로운 것으로 느끼는 통일에 관한 하나의 표상을 그녀들의 세계상과 인간상의 근저에 놓음으로써, 신의 개념에 대한 의미 부여의 완전히 다른 이해를 구축하려 한다. 비일자적인 성격을 갖는 모든 것들에게 남성적인 지배 요구를 만족시키는 일원성 개념의 속박을 강요하는 대신 해방신학의 여성 대표자들은 관계의 범주를 통일을 만드는 척도로 삼는다. 아무리 다르고 대립되고 다양하고 상이하다 할지라도, 어떤 것도 사람들이 상이한 것과의 관계를 설정하지 못할 만큼, 그리고 그것이 이런 방식으로 — 이론적이든 실천적이든 미적이든 — 하나의 관계 그물에서 통합될 수 없을 만큼 이탈되어 있거나 따로 떨어져 있는 것은 하나도 없다. 이 관계 그물은 움직이는, 끊임없는 자기 행동을 통해 항상 다시 새로워질 통일을 형성한다. 이 통일은 경직된 배제 방식과 가혹한 방법 대신 모든 "타자"에게 타자 존재의 권리를 승인하는 정의 원리를 정립한다. 이것은 참여적인 자기 태도의 상호성으로 사는 인간과 인간 상호간의 모든 관계망에 특별히 타당하다. 신은 이런 태도의 성질 이외의 어떤 것도 아니다. 신은 오직 자유의 상호 인정 속에 존재하고, 이것 없이 혹은 이것 밖에서는 신은 결코 존재하지 않는다. 인간들을 인류로 통일하는 집단적이고 간주관적인, 보호하고 끊임없이 다시 새롭게 쌓아올릴 신과의 관계 지평에서 여성들과 여성들의 행위에 합당한 도덕적 권리가 되돌아가게 된다.

2. 발달심리학적 모델

도덕신학과 마찬가지로 이원론적인 사유 유형에 얽매인 정신과학자들은 도덕적 행위의 일정한(낮은 등급의) 유형에 여성들을 고정시키고 있는 계급 체계적인 그들의 윤리학 이론과 관련해서 페미니즘측으로부터 격렬하게 비판을 받았다. 델리와 해리슨이 정통적이고 교리적인 남성 중심-신학의 대표자인 발트에 대해 항전한 것과 같이, 이리가레이는 프로이트와 정신분석적 분야에서 성 차이의 여러 가지 기준이 되어버린 남성 중심적인 상론들과 논쟁에 빠졌다.10) 에릭슨(Erik Erikson)의 학교에 다녔던 미국의 여성 심리학자 길리간은 이 방향의 지도적인 대표자 피아제(Piaget)와 콜버크(Kohlberg)에 의해 집중된 도덕 발달 단계들의 모델을 탐구함으로써 발달심리학을 비판적으로 분석했다. 이때 그녀는 보편타당한 것으로 표명된 피아제와 콜버크의 분석 결과들이 오직 남성 실험 대상자들의 경험에 근거하고 그 경험의 평가도 다시 남성들에 의해서 착수되었다는 사실을 확인했다. 길리간은 남성과 여성 실험 대상자들을 상대로 실시했던 그들의 도덕적 갈등 상황에 관계된 실험들을 토대로 해서 여성들이 도덕적 관점에서 일정한 나이부터 남성들보다 결코 뒤지지 않음을 알아냈다. 그녀는 또한 다르게 정의된 여성들의 사회적 역할과 관련해서 남성들이 선호하는 도덕 표상의 논리학보다는 도덕 이해의 논리학이 확립된, 도덕에 대한 다른 이해를 발달시키고 있음을 알아냈다. 1982년에 출간된 자신의 책 『다른 목소리』11)에서 그녀는 똑같은 정당성을 갖는 다른 두 도덕의 파악들 : 서로 보완하는 규범적인 행위 기준 형식들로서 남성의 정의 도덕과 여성의 배려 도덕을 주장한다.

---

10) 1. 2장 참조.

11) 이 작품은 하버드대 출판사와 Cambridge / Mass.에서 출간되었다. 독일어 번역판은 1984년 München에서 『다른 목소리 ― 삶의 갈등과 여성의 도덕』의 책명으로 나왔다. 그리고 1990년 제4판이 나왔다. 다음에 이 책의 인용들은 약자로 KS로 인용하고, 반면에 약자 MO는 논문, 「도덕적인 지향과 도덕적 발달」(『여성도덕』, 79~100)에 관계된다. 그 안에서 길리간은 그녀에 의해서 제안된 대안적 발달 모델을 빠듯하게 묘사한다.

1) 도덕적 시각 방식들의 관점

동일한 사태에 대한 도덕적 판단이 갖는 시각 방식들에 관한 그녀의 주제를 설명하기 위해 길리간은 여러 의미 형태들의 지각의 상이성을 접목한다. 예를 들어 사람들이 토끼-오리 머리를 관찰할 때, 사람들은 두 머리들을 함께 지각하지 않고, 실제로 다른 형태가 발견된 경우에도 항상 차례차례로 지각한다.

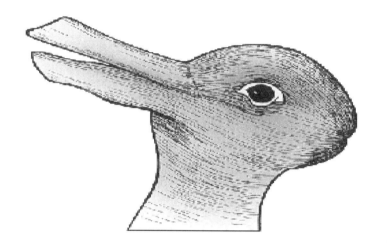

이때는 어떤 선호도와 생활 습관들이 이 지각 혹은 다른 지각을 지지한다. 토끼를 기른 사람은 토끼를 본 반면 조류 장사들은 오리를 본다. 사냥꾼의 지각에는 아마도 그의 사냥 기술들 혹은 그의 취미의 선호도들이 결정적이다. 길리간에게 중요한 것은 사실에 관한 다양한 시각적 파악의 결론이다. 그 결론은 "어떤 시각이 더 좋다든가, 혹은 어느 한 시각이 지각 체계의 더 높은 형식을 표현한다"(MO, 79)든가 하는 것은 포함하고 있지 않다. 우리는 "사실을 명확하게 지각"하는 경향이 있다. 그럼에도 불구하고 하나의 특정한 시각을 절대화하는 것은 말할 나위 없고, 여러 상이한 시각들을 더 좋은 지각 혹은 더 나쁜 지각으로 서열화해서 서로를 상위 지각이나 하위 지각에 두는 것은 정당하지 않다.

그러나 분명히 이런 일이 도덕 분야에서 일어난다. 이 분야에서는 정의의 관점이 갈등 해소를 고려해서 배려의 관점보다 더 우월한 입장으로 우대받는다. 길리간에 따르면 이에 대한 이유는, 남성들은 도덕적인 문제들에서 보통 자율적인 개별성의 원리를 선호하고, 따라서 대부분의 여성들에 의해 추종된 타인에 대한 배려 원리를 비남성적으로 평가하지는 않지만 더 약한 것으로 평가하는 데 있다. 발달심리학자들은 한편으로는 그들의 설문 작성에서 질문표를 이미 처음부터 정의의 물음을 근거로 한 자신들의 이해 범례에 따라 작성하고, 다른 한편으로는 오직 남성의 적인 시험 대상자들에게 질문하거나 아니면 여성 조사 대상자들의 대답에서 기본 체계에 적합한 것만을 이해하기 때문에, 그들은 거의 자기 실현의 예언의 의미에서 선입견이 증명되는 것을 본다. "피아제의 아이의 도덕적 판단력의 … 서술에 따르면, 여자아이들은 하나의 각주를 만드는 ― 피아제가 표제어 목록에서 네 개의 짧은 보완 설명을 하고, 남자아이에게서는 저절로 소년이 되기 때문에 보완 설명이 결코 나타나지 않는 이상한 일 ― 반면, 콜버크가 자신의 이론을 이끌어낸 연구에서 여성들은 처음부터 존재하지 않는다"(AS,

28 이하).

 길리간이 항의하는 것은 심리학자들의 자명성이다. 즉, 자명성을 가지고 심리학자들은 아이들과 남성들의 도덕 발달을 보편화하고 소년과 인간들의 도덕 발달로 표명하였는데, 보편화가 표명된 이후 인류의 다른 절반이 유감스럽게도 도덕 발달의 규범에 훨씬 못 미친 사실이 나타난다. 콜버크는 도덕 발달 능력의 생성을 6단계의[12] 진행 과정으로 재현한다. 인습 이전의 1단계에서 아이들은 정의란 조건에서 보았을 때 약자들이 강자들에게 복종의 빚을 지고 있음을 이해한다. 즉, 그들은 아직도 정의를 상호성과 평등성의 토대 위에서 교환으로 실행할 능력을 갖고 있지 않다(147부터 참조). 아이들은 인습 이전의 2단계에서 그렇게 할 수 있다. 물론 정의와 공평함의 소박한 도구적 의미에서 그러하고, 그런 의미에서 소년은 긍정적인 것이나 부정적인 것이나 간에 엄밀히 상호적으로 행동한다 : 네가 나를 때린다면 나는 너에게 복수해도 되고, 되받아 너를 쳐도 된다(148). 인습의 3단계에서 청소년들은 다른 사람의 입장이 될 수 있고 그들의 역할을 맡을 수 있다. 물론 그것과 관련된 권리와 의무를 사회 질서의 일부분으로 파악하지는 못하지만, 적어도 벌써 용서가 복수보다 좋을 수 있다는 이해가 나타난다. 콜버크에 따르면, 성인의 압도적 다수가 처해 있는 인습의 4단계에서는 "법과 질서"의 원리들이 지배한다. 법 앞에서 만인 평등의 척도에 따라 교환을 규제하는 사회 체계의 틀 안에서 정의는 법과 의무의 상호성 관계로 파악된다(151). 5단계에 헌법 규정

---

12) 다음에서 나는 콜버크와 관계한다 :『도덕 발달의 철학』, San Francisco 1981.

의 의미에서 사회 질서를 적법적인 사회 계약을 통해 유용성의 원리에 근거하려는 개인들을 콜버크는 포함시킨다. 그때 본래의 공동체가 갖는 내 도덕은 행위 규범적 골격을 형성하지 못하고, 이제는 계약을 체결하는 자유에 구현되는 인권의 보편적인 타당성이 규범적 골격을 형성한다(153). 마지막으로 인습 이후의 최고 6단계에서 개인은 자율 원리에 의무감을 갖고, 모든 인격들에게 모든 인간이 목적 자체로 대접받을 수 있는 기준인 자기 가치를 인정하는 한, 그는 정의의 마지막 단계에서 그의 완전한 도덕적 판단 능력에 도달한다(163).

집안 살림이나 육아로 여성들의 활동 영역을 제한해버리는 일은 여성들의 할 일을 남을 도와주는 단계와 남을 배려하는 단계로 고정시키고, 나아가 여성들이 자율적인 정의 이해로 나가는 것을 방해하기 때문에, 발달심리학자들에 따르면 여성들의 도덕적 판단 능력은 콜버크 모델의 3단계를 넘어서기 드물다고 길리간은 밝힌다. 여성들의 도덕 발달이 소위 남성들의 도덕 발달에 뒤떨어진다는 데에 그 결함을 갖는 것이 아니고, 여성들의 도덕 발달은 고유한 도덕적 논리학과 도덕적 성질을 갖고 있다는 것을 증명하는 데 길리간의 전략이 있다. 인간과 인간 사이의 구체적인 관계들을 중시하는 배려의 원리를 열등 가치로 선언하는 일과 그 원리를 기준으로 그들의 실천 판단을 기초에 두는 사람들에게 도덕적 미숙성을 책망하는 일은, 마치 토끼와 오리 형태의 관계에서 사람들이 오직 토끼만 겨냥하고 오리는 별로 중요하지 않으니까 무시해야 한다고 요구하는 것처럼, 특별한 시각 습관들의 유사한 절대화를 초래한다. "지식의 범주들은 인간의 가설들이라는 인식을 통해 소위 학문의 중립성과 언어 자체의 중립성은 점점 더 의문시된다." "우리가 삶을 남성의 눈을 통해 보는 것에 얼마나 익숙해져 있는지"(AS, 14)를 점차 어렴풋이 깨닫기 시작한다.

행위 갈등들과 규정 갈등들이 다르게 평가되는 두 개의 똑같이 옳은 도덕적 관점들이 (적어도) 존재한다면, 남성적인 규칙의 이해에서 비롯되는 가치 등급을 근거로 해서 소녀들과 여성들의 도덕적 성숙을 판단하는 모든 실험 결과들은 효력이 없다. 길리간은 그녀의 연구 진행 중에 설문에서 얻은 실험 자료를 평가할 때, 그녀의 동료들이 놓쳐버린 다른 목소리를 들을 수 있는 데까지 들어 알아냈다. 그 다음에 그녀는 자신의 독자적인 경험적 탐구의 진행 중에 그녀의 시각을 말하자면 토끼에서 옮겨 오리에 집중했고, 도덕적 문제들의 여성적 판단들을 분석했다. 그때 여성들은 "정의 관점"보다는 주로 "배려 관점"에서 판단한다는 사실이 그녀의 관심을 끌었다.13) "정의에서 배려로 관점을 바꿈으로써 관계들이 조직화된 차원은 동등성과 비동등성에서부터 결합과 분리로 … 바뀐다. 결합 개념들 가운데에(평등성의 개념들 대신) 관계들을 우위로 기획하

---

13) 콜버크의 인터뷰 때 11세 어린이의 도덕적 성숙을 평가하기 위해 도덕적 갈등에 대한 자주 사용되는 예는 소위 말하는 "하인츠(Heinz)-딜레마"다. 하인츠는 곤경에 처해 있다. 중병을 앓고 있는 부인은 하인즈가 살 수 없는 비싼 약을 필요로 한다. 약사는 약값을 깎아주지 않기 때문에 하인츠는 자신의 부인을 죽음으로부터 구제하기 위해 약을 훔쳐도 되는가, 마땅히 훔쳐야 하는가, 훔치지 않으면 안 되는가를 숙고한다. 어린아이들의 대답 가운데에서 그들에 의해 추적된 논증의 전략들은 합리적으로 구축된 가치의 논리학(생명, 돈, 소유)에서부터 소통을 겨냥한 관계의 논리학으로 이른다(AS, 39 이하 참조).

는 것은 사람들이 인간 서로를 어떻게 파악하는가 하는 방식
을 변화시킨다. 그 결과 관계들의 상들과 비유들은 더 이상 계
급 조직 혹은 평형을 산출하지 않고 연결망 혹은 그물망 조직
을 만들어낸다"(MO, 84). 인간 상호간의 모든 관계적인 것의
토대는 주관들의 상호 관계의 태도에서 오직 존립하기 때문에
연결망과 그물망의 이 상은 인간 상호간의 인간 관계, 간주관
적인 것의 토대의 차원을 매우 아름답게 구체화한다. 연결망을
빼놓고 사람들이 생각한다면, 정의의 추상적인 관점에서 먼저
자신을 평등한 것으로 승인했던 자율적인 개인들은 무관계의
실체들로 남는다.

정의의 원리가 오랫동안 지배해온 이후 이제는 배려의 여성
적 원리에 더 중요한 의미를 부여하기 위해 길리간은 두 도덕
적 관점들을 서로 대립시켜 이득을 취하려 하지 않는다. 오히
려 그녀의 시각에서 보면 서로 보완하는 행위의 방향에 바로
필연적인 도덕적 기준들이 중요하다. 여성들은 그녀들의 개별
성의 실현에 문제점들을 갖는 반면, 남성들은 정의의 일방적인
고찰 방식에 근거해서 "관계와의 어려움들을 갖는다"(As, 17).
예를 들어 폭력과 공격 같은 현상들은 결합들을 방해하고 심지
어 분쇄하기 때문에 여성들의 시각에서는 거부당하는 그런 현
상들은 남성들의 시각에서는 정의로운 것의 관철에 피할 수 없
는 것으로 느껴지기 때문에, 서로 다른 두 시각을 통해 오해들
이 미리 확정된다. 그래서 한편의 사람들은 다른 편의 사람들
의 감정도 없는 잔인성을 비난하고, 다른 편의 사람들은 또 다
른 편의 사람들에게 위험에 직면했을 때의 우직함과 공포를 비

난한다.

　남성들이 정의의 관점에서 임신부의 권리에 비해 배아의 권리에 비중을 두고 배려의 관점을 도외시하여, 양쪽 편 중 어느 한편에 더 높은 비중을 두는 중요한 이유에서 논쟁이 매우 경직되어 있음을 길리간은 낙태의 예에서 분명히 한다. 이와 반대로 여성들은 낙태와 관련해서 책임과 무책임의 문제를 매우 중요하게 여기는 배려의 관점에서 일차적으로 딜레마를 성찰한다(MO, 87 이하 참조). 각각의 다른 원리를 조명해서 제시된 논증들을 처음부터 도덕적으로 열등하고 부적격한 것으로 선언하지 않고, 도덕적 논의에서 마찬가지로 잘 논증된 것으로 승인하는, 그리하여 공동으로 조정된 해답 등을 구하는, 양측에 대한 준비가 길리간에게 결정적으로 중요하다. 더구나 배려를 대표하는 남성들이 꼭 있기 마련이고, 그와 마찬가지로 많은 여성들은 또한 정의의 원리에서 의무감을 느낀다.

　남성과 여성의 도덕적 판단과 행동의 기준으로서 남성들은 정의의 편으로 여성들은 배려의 편으로 더 잘 기울어진다는 것은 어디에서 오는 것인가라는 물음을 길리간은 그녀의 성찰에서 고려하지 않는다. 그녀는 비고츠키(Lev Vigotsky)와 코도로브(Nancy Chodorow)(MO, 92 이하)[14]의 논문을 참조하도록 지시한다. 그 논문에 따르면, 아이들이 동등하지 않다는 것을 경험하고, 성인들과의 결합이 그들의 보호와 살아남는 일에 얼마나 중요한가를 배우는 의존과 무력의 초기 아동기를 언급한

---

14) 비고츠키 : 『사회에서 정신의 특징』, Cambridge / Mass. 1987 : 코도로브 : 『어머니의 재생산 : 젠더의 정신분석과 심리학』, Berkeley / Calif. 1978(독일어판 : 『모성애의 유산. 모성애의 정신분석과 심리학』, München 1985).

다. 그러나 동시에 소년에게서는 그들의 성의 정체성의 형성과 관련하여 어머니와 어머니로 대표되는 배려의 원리로부터 벗어남으로써 더욱 독립과 힘에 대한 욕구가 자란다. 그것에 반해 소녀들은 어머니 역을 선취해서 바로 이 원리를 내면화한다. 따라서 소년들이 배려적 관계의 가치를 몸소 체험한다 할지라도 그들은 어머니적인(동시에 여성적인) 행동을 대체로 경멸적으로 자기-상실과 자기-희생, 편파성과 감정들에 결합시키기 때문에 소년들은 후에 남성성의 해부학적인 그들의 소속성에 근거하여 아버지의 행동 모델을 기준으로 하고 비편파적인 정의의 원리를 선호한다. 그런 행동은 독립과 개인성에 대한 그들의 소원의 표상에 모순이기도 한다.

두 도덕적 시각들의 성 특징적인 분열에 대항하여 두 관점들의 등가성을 어린아이의 의식상으로도 근거를 갖게 하는 교육이 어떻게 이루어져야 하는가를 상론함이 없이 "구별되는 태도의 입장들은 대립도 아니고 거울에 비친 상도 아니며, 유일한 도덕적 진리의 더 좋은 혹은 더 나쁜 구현도 아니란 점을 길리간은 다시 한 번 강조한다. 두 관점 중 한 관점의 개념들은 다른 관점의 개념들을 포함하지 않는다"(MO, 96). 물론 그녀는 갈등 중에 각자가 자신 안의 논리학에 의해 도덕적으로 정당화되기 위하여 상이한 입장들 사이에 어떻게 합의가 이루어질 수 있는지 그 방법을 결코 보여주지 않는다. 토끼는 결코 오리로 환원될 수 없고 그 반대도 안 된다. 그러므로 무엇이 그것들의 통일을 이루며 그 통일은 어떻게 가능한가?

길리간에게 가장 중요한 것은 자신의 관점들의 한계를 인식하는 것과 동시에 도덕적 판단을 할 때 허락할 수 없는 좁은 시각과 일면성에 대항하는 것이다. "정의의 입장에서 판단할 때 오류의 위험은 잠재되어 있는 정의의 자기중심주의와, 자신의 관점을 객관적 입장 혹은 진리와 혼동하는 경향에 있고, 사람들이 다른 사람 대신 자신을 정립함으로써 다른 사람을 자신의 기준에 의거하여 확정하려는 유혹에 빠지는 데에 있다. 배려 윤리 입장에서 판단할 때 오류의 위험은 사람들이 자신의 기준들을 갖고 있음을 망각하고 다른 사람의 관점에 지나치게 동의해서 사람들이 자신을 자아가 없는 것으로 파악하는, 나아가 다른 사람의 기준에 따라 자신을 정의하는 경향에 있다"(MO, 97). 한편으로는 인간 상호간의 모든 관계들이 자율과 독립성의 장애라는 (남성의) 선입견을 제거하기 위해, 다른 한편으로는 자율의 추구는 자동적으로 고립과 잔인성에 이른다는 (여성의) 선입견을 예방하기 위해 각각 다른 도덕적 관점들에 조망의 초점을 맞추는 것을 배우는 일이 중요하다.

2) 여성 도덕?

길리간의 연구들은 광범위한 반대 논란을 일으켰다. 많은 여성 저자들은 실로 엄숙한 규칙들의 이해와 원리들의 이해에 의지하는 규범들의 계급 체계와 가치들의 계급 체계에 대한 길리간의 불쾌감에 동감한다. 하지만 첫째로 두 도덕적 관점의 분석에서 규범적인 것의 소홀함을 지적하고, 둘째로 경험적인 결과들의 유효성을 의심하는 일련의 우려들이 개진된다.

    길리간에 의한 정의 원리와 배려 원리의 분화에 기초해 있는
이것이냐 저것이냐 이분법을 구드(Carol C.Gould)는 논증을 가
지고 거부한다. 다시 말해 두 관점의 차이성은 생물학적이다.
따라서 자연에 의해 제약을 받으며 역사적 내지 사회적이 아니
라는 인상을 주는 한, 이분법과 함께 또다시 오직 남성적으로
우세한 철학의 유산만 사용되고 남성과 여성의 구별은 더 굳어
지게 되는15) 논증을 가지고 구드는 길리간의 이분법을 거부한
다. 더 나아가 그녀는, 규범적인 관점에서 도덕의 분리된 두 목
소리를 종합적이거나 통합적으로 하나로 만드는 것을 강조한
다. "배려의 관점은 유일하게 존재하는 것과 차이로 존재하는
것을 이해에 수반되는 도덕적 의미로 주의를 사실상 끌리게 한
다. 그러나 나는 윤리학의 분야에서 옳은 것이 정치 철학의 영
역에서도 타당하다는 것을 믿지 않는다. 왜냐하면 정치학, 특히
사회정치학에서 모든 해당자들을 평등하거나 편파성 없이 다
루는 것은 본질적인 일이기 때문이다. 정의는 은총을 통해 완
화될 수 있다. 그러나 특별한 우대나 혜택을 통해서는 완화될
수 없다. 인간의 기본권과 분배의 정의를 고려해서 평등성은
역시 좋은 인간 공동체를 위한 전제 조건임이 매우 분명하다.
개인의 욕구들과 차이성들의 승인이 정치학의 이론에서 중요
한 역할을 한다 하더라도 이 승인은 평등성을 근거로 하지 않
으면 안 된다."16)
    "다른 목소리"는 결국 여성들의 정통적인 자기 이해의 표현

---

15) 구드 : 「철학적 이분법과 페미니즘 사상 : 페미니즘을 위해서」, 『페미니즘
철학』, 편집인 : Herta-Nagel-Dockal, 84-190 : 인용 185, 188.
16) 앞의 책, 186.

이 아니고, 남성들이 자신을 위해 거부한 모든 것을 여성들에게 짐을 지우는 남성의 패권주의의 가설이라고 길리간을 비난함으로써 하딩(Sandra Harding)은 구드와 같은 목적을 추구한다. "… 여성들은 우리 문화에서 배려윤리학의 경향을 갖고 있고 법 윤리학의 경향을 별로 갖지 않기 때문에, 이것은 여성적인 것으로 개념화된다. … 우리 성의 토템주의는 우리가 고찰하는 성 이분법의 근원들에 대한 우리의 시각을 흐리게 한다."[17] 하딩은 길리간이 경험적인 설명의 측면을 규범적인 설명의 측면과 혼동하고 그 결과 배려의 원리를 여성의 도덕 이해로 귀속시키는 것을 당연한 것으로 주장하는 것을 아프리카의 도덕 표상들과 서구의 도덕 표상들의 비교를 통해 설명하려 한다. 아프리카의 세계상에서 — 하딩은 그렇게 설명한다 — 자아와 자연 사이의 분리는 결코 존재하지 않는다. 양자는 균형이 유지되지 않으면 안 되는 상호 관계에 있다. 개인은 또한 그룹의 부분이고 그룹 자신은 개인이 의식적이고 의도적으로 끌려들어가 있는 관계들의 엮음이다.[18] 여성들의 근원적인 자기 이해가 남존여비를 통해 분쇄되는 것처럼, 아프리카인의 근본적인 자기 이해는 지배적인 백인 그룹의 인종주의를 통해 분쇄된다는 것을 하딩은 밝힌다. 피지배 그룹이 자기 자신을 위해 적극적으로 산출한 남성 본질과 여성 본질에 관한 형식들을 지배 그룹이 피지배 그룹에 허락하지 않음으로써 지배 그룹이 피지배자들의 자존을 약화시키는 것을 통해 인종의 구별과 성 구별

17) 하딩 : 「페미니즘의 도덕 표상과 아프리카의 도덕 표상의 관심을 불러일으킨 일치 ─ 페미니즘 이론의 형성에 대한 요청」, 『여성 도덕』, 162-169.
18) 앞의 책, 69 이하.

이 발생한다.19) 유럽인과 아프리카인, 남성들과 여성들 간의 임의적인 이데올로기 차이는 제국주의적 책략을 지지받아 결국 사회적으로 규정하는 차이, 즉 "본래" 우월한 자의 독재가 갖는 합법성의 미명 아래 재산을 몰수당하고 착취당하는 노예와 주인의 차이를 바로 산출한다.20) 배려의 원리가 남성 중심적인 도덕에 고용되어 있는 사회의 가설로 꿰뚫어보지 않는 한, 그 원리를 전형적인 여성의 도덕적 태도의 특별한 기본 유형으로 인정하는 것은 하딩에게 가정될 수 없다. 해방적이고 지배로부터 자유로운 사회화의 과정과 연관하여 비로소 그 원리는 인종주의와 성차별주의를 뛰어넘어 남성 행위와 여성 행위에 다 같이 공유된 규범적인 책무와 관련해서 평가될 수 있다.

경험적인 심리학자와 여성 심리학자들의 시각에서 나온 길리간에 대한 비난은 더욱 격렬하다. 나일스(Debra Nails)는 "길리간의 인간에 대한 잘못된 예측"21)에 관해 언급한다. 길리간은 조사 자료에 관한 그녀의 평가에서 결과들을 그것들의 의미에서 미화했고 위조했다. "'다른 목소리'에서 적어도 경험과학과 똑같이 그녀의 해석이 벌써 시작되었다. 문학적 비판이 훌륭한 능력을 가지고 수행되어 학문으로 가장되었다 할지라도 사람들은 그 학문의 결론들을 신뢰할 수 없다."22)

그것을 뛰어넘어서 워커(Lawrence J .Walker)와 되버르트

---

19) 앞의 책, 174.
20) 앞의 책, 180 이하.
21) 나일스 : 「사회과학자의 성 차별 : "길리간의 인간 오측」, 『여성 도덕』, 101-108.
22) 앞의 책, 106.

(Rainer Döbert) 같은 저자들은 그들의 연구 결과에 따라 성의 차이들은 도덕적 판단들 가운데 존재하지 않으며 오직 보잘 것 없을 정도로 있을 뿐, 특별한 여성 도덕은 존재하지 않는다는 것을 주장했다.[23] 길리간의 연구들은 윤리학의 이론상 불충분하며 일면적이라는 것을 되버르트는 주장한다. 남성의 논리학과 여성의 논리학에 근거한 도덕적인 능력의 측면에서의 차이들을 그는 논박한다.[24] 예를 들어 되버르트는 남성에게 나타나는 높은 공격성의 차이 같은 성 차이를 남성의 성 호르몬인 테스토스테론으로 원인을 돌리고, 그 호르몬의 증가된 분비가 남자 뇌의 반쪽(왼편-언어적, 오른편-공간적)의 특수화를 초래하고 그런 사실에서 "지적으로 활동하는 일은 흥분을 가라앉히고 행동하는 일이 남성에게 한층 쉽게 일어난다"[25]는 사실이 도출된다. 의심의 여지없이 현존하는 성의 특유한 차이들은 도덕에서 중요하지 않다는 것을 되버르트는 전체적으로 확정한다. "왜냐하면 도덕적 '당위'의 타당성의 요구는 결코 성의 구별을 승인하지 않고 있기 때문이다."[26]

---

23) 워커 : 「도덕 판단의 발달에서 성 차이」, 『여성 도덕』, 109-120, 115 참조 : 되버르트 : 「남성 도덕-여성 도덕」, 『여성 도덕』, 121-146, 129 참조. 도덕의 남녀 양성의 결정적인 논제에 대하여, 반대 주장으로 Norma Haan : 「행동의 전체적인 연관해서 두 도덕 : 사고, 자아 규정과 발달의 관계」, 『인격과 사회 심리학의 학회지』 36(1978), 286-305 : 프리가 하우크(Frigga Haug) : 「도덕도 인간처럼 양성의 성질을 띤다. 여성 사회화의 이론에 대하여」, 『여성의 본질 혹은 페미니즘』, 편집인 : C. Opitz / Konstanz 1983, 95-122 참조. 하우크에게 길리간은 만족스럽지 못하다. 상이한 두 도덕의 필연성을 주장하는 대신에 그녀는 오직 동일한 도덕의 체계 안에서 도덕적 행동의 두 관점을 공격했다. 성에 따라서만 각각 다른 의미를 갖게 되는 가치들은 동일한 것들이다(참조 104).
24) 앞의 책, 133.
25) 앞의 책, 139(원본은 이탤릭체).

배려 원리 일반은 인격 특징적이나 성 특징적으로 연관되어 있지 않다는 견해를 눈너-빙클러(Nunner-Winkler)는 대표한다. 그녀의 고유한 연구들에 따르면 … "취학 이전 어린이의 도덕 이해에서 성 차이는 결코 증명되지 않는다." 더욱이 규칙의 인식이나 규칙의 근거와 관련해서도 증명될 수 없다.[27] 사춘기에서 도덕적 판단들이 갖는 좀더 큰 성숙은 어떤 일정한 도덕기준을 우대하는 데서 나타나지 않고 "여러 기준들을 동시에 의식 중에 간직하는, 그리고 상황에 특수하게 균형을 유지할 수 있는"[28] 능력에서 나타난다. 그래서 여성들이 발달 진행 중에 그녀들의 사회적인 자아 원리로 관계 지향적인 입장을 선호하는 이유에서 여성들은 배려 윤리로 기울어지지 않고 "그녀들은 자주 확산성의 역할들을 관리하고"[29] 역할 규범들을 통해 매개된 배려의 여러 의무들을 맡은 이유에서 여성들이 배려로 기울어진다는 것이 눈너-빙클러의 대답이다. 길리간에 의해 구별되는 도덕의 두 관점들은 윤리학의 상이한 두 유형을 설명하는 것이 아니고 의무의 두 종류, 즉 완전한 의무와 불완전한 의무의 구별을 기술하는 것이라는 주제를 그녀는 결국 대표한다. 그때 불안전한 의무는 실천적 판단력을 매개로 해서 상황의 전후 관계의 전체적 맥락이 없이는 규정될 수 없다.[30]

---

26) 앞의 책, 142.

27) 빙클러 : 「여성 도덕은 존재하는가?」, 『여성 도덕』, 147-161 : 인용 155.

28) 앞의 책, 156.

29) 앞의 책, 59.

30) 눈너-빙클러 : 「두 도덕들? 배려 윤리와 책임 윤리 대 법 윤리와 정의 윤리」, 『도덕성, 도덕적 태도 그리고 도덕 발달』, 편집인 : W. M. Kurtines / J. L. Gewitz, New York 1984, 348-361.

길리간이 도덕 판단의 고유한 단계로 전후 맥락에서 생각하는 상대주의가 갖는 그녀의 구성에서 "인륜성과 도덕이 어떻게 매개되는가"[31]라는 근본 문제를 오해했다는 견해를 하버마스는 갖고 있다. 자연 발생적인 삶의 형식의 구체적인 인륜성에서 도덕 문제는 평가적 문제와 긴밀하게 연관되어 있고, 합리화된 삶의 세계에서 비로소 좋은 삶의 과제들에 직면해서 도덕 문제들이 독립된다. 그 결과 인습 후 단계의 인륜성과 도덕의 해체와 함께 문화적으로 습관화된 경험적인 동기들과 합리적이고 보편적인 규범들의 논증에 대한 물음 사이에 하나의 분열이 초래된다. 따라서 하버마스에 따르면, 정의의 관점이 배려의 관점을 통해 보완되어야 하는 길리간의 요구는 분리되어 있는 담론 영역의 허용할 수 없는 혼합을 초래한다. 정의의 도덕적 문제는 규범적 분야에서 논의되는 반면, 배려의 문제들에서는 좋은 삶의 평가적인 문제들이 중요하다.[32]

도덕적 시각 방식의 관점들에 관한 길리간의 주제에 대한 비판은 여러 가지 관점에 근거를 두고 있을지 모른다. 갈등 상황에 관한 여성 판단의 분석을 근거로 해서 배려의 원리를 여성들의 근원적이고 도덕적인 자기 이해에 적합한 기준으로 파악한다는 것은 규범적 관점에서 볼 때 확실하게 우려된다. 귀납적으로 획득된 기준은 윤리적 관점에서 보면 먼저 도덕적 당위라는 것은 경험적인 타당성의 요구의 일반화를 통해 논증될 수 없다는 항

---

31) 하버마스 : 『도덕 의식과 의사 소통 행위』, Frankfurt a.M. 1983, 191.
32) 앞의 책, 92 이하.

의를 받게 되고, 다음으로는 배려의 윤리가 사회적인 역할들의 상투어에 근거한다는 의심을 받게 되고, 결국 자율적인 여성을 전제하지 않고 남성의 지배 의지를 전제한다는 의심을 받게 된다. 그럼에도 불구하고 길리간은 도덕적인 능력의 표준으로 콜버크의 단계 모델에 대한 그녀의 의심을 통해 정의 원리에 고정된 행위 방향의 일면성을 지적하는 일과, 다른 도덕적인 규제의 등가치를 설명하는 일이 길리간에게 성취되었다. 그녀는 이론의 여지없이 도덕적으로 중요한 사태에 대하여 일상의 언어적 판단들의 경험적 토대 위에서 배려 윤리를 논증하고 더 좁은 의미의 규범적-윤리적인 논증들을 결코 전개하지 않는다 할지라도, 그럼에도 불구하고 그녀에 의해 제시된 실험성과들은 다양한 도덕적인 근본 확신들이 존재함을 분명히 하고 있으며, 사람들은 이 확신들을 서로 반목시켜서는 안 되거나 동등한 가치를 갖지 않는 것으로 표명해서도 안 되고, 실천에 관한 관점상의 여러 의미들의 기획들로 인식하지 않으면 안 된다.

길리간에 의해 조사한 실험 자료에 대한 그녀 자신의 평가에 반대했던 비판들에 해당된 두 가지의 근본적인 오해들이 있는 것으로 생각된다. 첫째, 그런 평가는 해석 중립적으로, 객관적이고 엄격한 학문적 기준에 의해 완성될 수 있다고 하는 표상은 실행할 수 없는 학문적 이상을 기준하고 있으며, 그런 이상은 순수한 경험 자체를 학자측으로부터 전혀 가감 없이 파악할 수 있다는 것을 가정하고 있다. 이 이상에 반대하도록 여성들을 도발하는 것은 우리들은 사실에 항상 이론을 주입시키고, 따라서 우리들의 지각의 지평을 미리 구조화하는 선판단을 통해 사실을 지각한다는 통찰이다. 길리간은 남성 도덕 원리와 함께 여성 도덕 원리가 존재한다는 '선판단'에서 자신의 연구들을 했고, 이 관점에서 그녀는 이 가정에 유리한 증빙 자료들을 기대했다. 그때 다른 관점들이 희석되어버린다는 것은 "자료들"이 결코 조종되지 않거나 다른 어떤 방법으로 임의적으로 변경되지 않는 한 정당한 진행이다. 학문적인 자료 해석은 일의적인 것도 아니며 임의적인 것도 아니다. 따라서 둘째, 다른 해석자들이 길리간과 다른 결과들에 도달하면, 다시 말해 도덕과 관련해서 성 특성적인 구별들은 결코 존재하지 않는다는 결과에 도달하면, 그때엔 자료에 대한 다른 해석자들의 사건 해석과, 각각의 실험들을 완성시킨 기본체계표가 사물의 본질에 더 적합하다는 사실이 꼭 한번 밝혀지지 않으면 안 된다. 그것을 뛰어넘어서 경험적인 논증과 규범적인 논증의 분야가 혼동되어서는 안 된다. 왜냐하면 사실적으로 타당한 도덕 원리나 그것들의 정당성이 문제점을 드러내는지 어떤지는 별개의 문제이기 때문이다. 무제약적인 당위가 모든 남성과 모든 여성에게 같은 방식으로 행동의 의무를 과하기 때문에, 도덕성의 관점에서 성 특징적인 차이들은 결코 가능하지 않다는 것에서 출발한 사람은 관점으로부터 자유로운 시각을, 어떤 사회적인 가설들을 통해서도, 즉 관심에 따라 이끌어진 학문적 정립들과 철학적인 이성의 가설들을 통해서도 결코 제한받지 않는 시각을 자신에 대해서 요구한다. 그러나 판단을 절대화하는 요구는, 그 요구가 다시 일반화된 남성 시각적 관점을 대표하기 때문에 당연히 의심을 받는다.

콜버크 자신은 그 밖에 길리간에게 주는 그의 대답에서 정의와 배려가 도덕적 발달의 상이한 두 형식들이라는 것에 반대했다. 오히려 그에게 중요한 것은 서로 대립하지 않고 있는 다른 도덕의 두 입장이다. 입장의 선택은 "우선 첫째로 상황의 기능이고 갈등 양식의 기능이지 성의 기능은 아니다."[33]

3. 철학적 모델

철학에서 페미니즘 윤리학의 발단들은 전통적 윤리학 이론의 규범적인 원칙에 대한 비판에서 나타난다. 길리간이 일상의 이해에서 주도적인 발달심리학자의 이론에서도 도덕적 성숙의 표상과 연결되어 있는 정의의 원리를 전형적인 남성 행위의 규정으로서 이끌어냈다면, 다른 여성 철학자들은 자율과 평등성의 원리들과 보편화의 요청을 가지고 있는 고전적인 도덕 철학의 토대들을 총체적으로 공격한다. 그때 하나의 다른 삶의 형식의 윤곽들이 서서히 드러나고 그 윤곽의 규범적인 뼈대는 여성들의 정당한 타당성의 요구들을 배려하는 도덕에 기인한다.

1) 자기 의식의 시시포스

바이스하우프트(Brigitte Weisshaupt)는, 우리가 선한 행위

---

33) 콜버크 : 「비판에 대한 개요와 자세한 응답」, 『도덕 발달의 소론』 제2권 : 『도덕 발달의 심리학』, San Francisco 1984, 341 이하 : 인용 350.

가 무엇인지를 알기 위해 윤리학을 해야 하는 것이 아니고 선하게 행동하기 위해 윤리학을 해야 한다는 아리스토텔레스의 '명언'을 지적하면서 도덕 철학자들을 비난하였다. "인간의 사회적 경제적인 분규, 언어와 현실적인 사실성에 의한 인간의 제약된 존재"를[34) 함께 반성하는 일 없이 철학자들은 지식으로만 끝내고, 이론에 대한 편애에 상응하여 순전한 사유의 가설들 ─ 자기 규정, 자유, 평등성 등 ─ 에 만족했다는 것이다. 그러므로 이론적인 의미의 기획들과 행위의 플랜들이 실천적으로 성과 없이 남지 않거나 참다운 현실을 놓치지 않으려면, 일상의 강요들과 제한들의 내부로부터 철학해야 하는 실제를 포함시키는 성찰들이 철학자들에게 필요하다. 카뮈의 시시포스 신화에 표현된 의미를 접목해서, 바이스하우프트는 여성을 "일상의 영웅"과 "일상적인 것의 희생"으로 묘사한다. 왜냐하면 카뮈의 시시포스 신화와는 다르게 여성은 "자신의 상황과 자신의 고뇌에 대한 반성적인 즐거움 없이 그녀의 돌을 굴리기 때문이다. 또한 그것에 대한 언어도 없이 … 그녀는 휴식과 숨 돌릴 참도 없이, 쉼과 뜸도 갖지 않고"[35) 돌을 굴린다. 다른 사람에 의해 규정된 여성 일상의 무의미함과 부조리함을 파악하기 위해 여성이 반성적인 자기 관계를 통해 하나의 "여성적인 정체성"[36)을 형성함으로써 ─ "남성의 규범 창조력"[37)을 통해 여성에게 일방적

34) 바이스 하우프트 : 「파토스 없는 시시포스 ─ 일상에서 자기 유지와 자기 규정」, 『여성 철학자들은 무엇을 사유하는가?』, 271-290 : 인용 274.

35) 앞의 책, 276 이하.

36) B. Weisshaupt : 「이성을 덮은 그림자」, 『페미니즘의 철학』, 136-157 : 인용 143.

으로 부과된 여성의 본질과 그것과 관련해서 연관된 역할 분배에 대항해서 — 여성은 여성으로서 자기 자신의 의식에 도달하지 않으면 안 된다. 가사 노동에서 여성들에게 윤리적 덕목으로 요구된 자기 희생과 여성 욕구들의 충족은, 바이스하우프트에 따르면 가사의 본성으로 보이고 있음에 틀림없다 : 가사 노동의 본성이란 것은 인격의 발달 과정에 자유롭게 선택된 자아정체성으로 긍정될 수 있고 자아정체성이 형성될 수 있는 독립적인 인격 발달 과정을 방해하는 수단이다. "우리는 … 타인의 규정에서 벗어나야 하기 때문에 우리는 자유의 이념이 없이 살아갈 수 없다. 자유는 우리에게 부가된 정체성의 붕괴 과정을 지나서 본래의 자기 자신을 형성하는 하나의 능력을 적어도 우리에게 요구하는 것을 허락하는 이성의 필연적인 전제로 우리에게 여겨진다."38) 과정의 마지막에 무엇이 성공될 것인가에 대한 불확실성에도 불구하고 그리고 자아 발견에 면제하기 어려운 결함 있는 인식 과정에도 불구하고 바이스하우프트는 여성들에게 이성적인 자기 의식을 획득하는 것 그리고 지성의 개발을 통해 감성적으로 매개된 여성들의 정서적이고 감정적인 몸의 경험을 그녀들의 지식의 원천으로 망각하지 않는 것을 여성들에게 바로 윤리적인 의무로 부과한다.

　　바이스하우프트는 책임윤리학(Hans Ruh)과 접목되어 있는

---

37) B. Weisshaupt : 「이성을 덮은 성의 그림자」, 『1789 / 1989 — 혁명은 일어나지 않았다』, 편집인 : Astrid Deuber-Mankowsky / Ulrike Ramming / E. Walesca Tielsch, Tuebingen 1989, 290-302 : 인용 292.

38) 바이스하우프트 : 「자기상실성과 지식」, 『근대에서 여성의 본질』, 편집인 : J. Conrad / U. konnerz, Tübingen 1986, 21-38 : 인용 38.

소통윤리학(Jürgen Habermas)의 모델을 기준으로 삼는 윤리학의 유형을 대표한다. "모든 인간의 활동이 관심에 의해 이끌어지고 가치와 규범에 관계하고 있는"[39] 한, 한편으로 인간의 행위를 통해 산출되는 현실이 그 안에 함의되어 정립된 가치들과 관련해서 분석되어야 한다. 다른 한편으로 이 가치 표상들은 "인간의 삶의 공동체와 운명 공동체의 가치 앞에서 검증"될 수 있다.[40] 실재의 적법성과 책임성의 문제점들을 드러내는 검증은 대화, 즉 "오성의 상호성 이념에"[41] 근거한 논증적인 대화로 행해져야 한다. 그것과 함께 요구되는 것은 결함이 있거나 불완전한 상호성에서도 불구하고 모든 당사자들을 토론에 참가시키는 것에 모든 것을 거는 일이다. 그것은 지금까지 제외된 사람들의 직접적인 참여를 통해서든지 ― "변호윤리학"[42]의 토대 위에서 ― 그들의 관심사를 스스로 경청할 수 없는 사람들의 적합한 대행을 통해서든지 간에 요구된다.

인간의 유전공학의 예에서 바이스하우프트는 단지 과학자의 관심이 일방적으로 담론을 규정하는 다가오는 위험들을 경고한다. "근대 말에 '유전자를 조작하는 과학자들이', 따라서 의미 부여의 문제에서 '생명체'에 극도로 무경험적인 '기술자들'이 인류와 자연 일반의 삶과 죽음의 문제를 결정하는 형이상학자

---

39) 바이스하우프트 : 「살아 있는 자에게서의 윤리학과 기술」, 『도덕의 한계 ― 페미니즘 윤리적인 이성 비판』, 편집인 : U. Konertz. Tübingen 1991, 75-92 : 인용 77.
40) 앞의 책, 78.
41) 앞의 책, 80.
42) 앞의 책, 82.

들과 마법사들로 되어버렸다."[43] 그녀는 이 연관성에서 여성들에게 두 가지 과제를 할당한다. 첫째는 분석적-윤리적인 과제다. 그 과제를 통해 유전공학자들의 도구적인 말의 형식과 사유 형식이 적발되고, 여성들을 "재생산적이고 유전공학적인 방법들의 대상적 상관성으로 전락시키거나 사회적 남성들의 자기 보존의 기능들로 강등시키는"[44] 과학과 기술에 포함되어 있는 규범들이 폭로된다. 두 번째 과제는 종합적-윤리적인 과제다. 그런 과제의 완성은 여성들이 통합적인 인간 존재에 관한 자신의 가치 표상을 발달시키는 데 있고, 여성 본성의 부당한 간섭에 대한 비평을 위해 배경 사상으로 가치 표상이 이용될 수 있다. 여성들의 관점에서 지성적인 존재의 인간답고 소망할 만한 가치의 존재 방식으로 특성이 나타나는 것과 같은 인간 본성에 관하여 토론윤리학의 원칙들에 의해 도출하게 될 여성들의 합의는 인류의 심오한 변화를 가져올 수 있는 유전공학에 대한 찬반의 합리적인 결정이 이루어질 수 있는 것의 전제 조건이다. 바이스하우프트에 따르면 거부될 경우에 행동적인 "부정의 윤리학"의 전략을 따를 수 있다. "복제 의학과 유전공학의 연구와 그 문제의 분야에서 행위, 즉 또 다른 학문은 먼저 한번 정지될 수 있다는"[45] 사실이 거부를 통한 부정의 윤리학에 의거하여 관철되어야 한다.

---

43) 앞의 책, 84,
44) 앞의 책, 85.
45) 앞의 책, 87.

2) 구체적인 타자

벤하비브(Seyla Benhabib)는 길리간-콜버크의 논쟁에서 길리간의 편을 들었고, 정의의 원리에 대한 포괄적인 비판의 확장된 틀 안에서 자신의 윤리적 사상들을 제시했다. 그때 한편으로는 "성의 질서['젠더-섹스-시스템(gender-sex-system)']가 우연한 형식이 아니고 조직체의 필연적인 형식이며, 상징적인 분할과 사회적인 실재성의 체험의 필연적인 형식"[46]이라는 데에서 그녀는 출발한다. 다른 한편으로는 역사적으로 알려진 성의 질서들이 여성들의 억압과 착취에 기여했다는 것을 하나의 증명된 사실로 고찰한다. 실천 철학의 당위에 중점을 둠으로써 정의 원리는 공공성을 법적으로 안전하게 하는 사회 계약들의 기본 규범으로 집약되어 나타나기 때문에, 그녀는 근대로의 이행을 정의의 발전의 특수한 단면으로 강조한다. 도덕적이고 정치적인 연관성들로부터 배제된 가정의 영역은 이제부터 사적인 영역으로 밀려나고 자연 상태에서 가부장이 사법상의 소유 원칙에 따라 부인과 아이들과 종들에 대하여 처분하는 권리를 갖게 된다(462 이하). 동시에 남성과 여성의 능력들은 엄격히 분리된다. 즉, 정치적 영역에서는 정의에 의무를 갖는 자율적인 남성과, 가정의 영역에서는 집안 살림에서 배려의 목적으로 파견된 여성으로 분리된다.

따라서 벤하비브는 길리간의 양성에 관계한 도덕의 뿌리를

---

46) 벤하비브 : 「일반화되고 구체적인 타자 ― 페미니즘적인 도덕 이론의 발단들」, 『사유 관계들』, 454-487.

근대에서 발굴하고 길리간을 통해 청취되었던 "다른 목소리"를 여성들이 명령의 시대에 관계들의 압박을 받아 그녀들의 초자아로서 내면화했던 그 명령의 메아리로 들을 수 있도록 그녀는 길리간의 양성에 관계한 도덕 연구 결과를 보완한다. 사람들이 남성의 자율 개념에서 벗어나는 벤하비브의 탈마법을 따른다면, 여성들은 항상 자신들의 안전한 보호소에서 적어도 어떤 관점에서 보면 비교적 좋은 결말을 붙잡았다는 것처럼 보인다. "버섯들이 마치 서로 어떤 관계도 없이 성장한 것처럼"(464), 땅에서 갑자기 솟아난 버섯들과 남성들(인간들? — 남자들)을 비교한 홉스의 문장을 인용한다. 심지어 어머니, 즉 대지에 대한 자신의 의존성을 쫓아버린, 일체의 관계를 갖고 있지 않는, 완전히 고립된 이 나르시스는 오직 자기 자신만을 볼 수 있다. 그는 자기 자신에 만족하고 다른 사람의 존재를 방해로 느끼며 심지어 불안해한다. 자율적인 개인들의 한계가 없는 무한한 타당성 요구를 합의에 의해 제한하는 계약적이고 법률적인 규정들은 타인들을 고려하는 성숙된 시민 도덕의 표현이 아니라 갱도덕을 야기하는, 순전히 살아남기 위한 필연성의 산물이다. 다른 사람은 경쟁자와 적으로 간주되고, 균형을 얻기 위한 자발적인 자기 제한은 자기 보호라는 이유에서 지불되어야 하는 대가, 즉 자율로 오해된 나르시시즘에서 온 정의의 근원이다. 정의의 기준들에서 규제된 공공 영역의 "합리성"과 친밀한 사적 영역의 "비합리성" 사이에서 근대의 남성은 찬반 입장을 취해 왔다. "역사가 만들어지는 정의의 공공적인 영역과 삶이 재생산되는 가사의 비역사적인 영역 사이의 분리"(467)를 극복할 수 없는 자율적인 남성적 개인은, 벤하비브가 근대의 보편적인 도덕 이론의 예에서 설명하고 있는 바와 같이 이성과 경향성의 대립을 고정시킨다.

그녀는 한편으로는 "보편화된 타자"의 입장이 실로 도덕적 성찰에는 필요하지만, 다른 한편으로는 그 입장이 절대화될 때 비인간적인 결과를 초래한다는 것을 밝힘으로써 쟁점화하는 것은 바로 "보편화된 타자"의 입장이다. 모든 인간들에게 권리들 및 의무들과 관련하여 결코 차이를 인정하지 않는 정의상의 정체성에서 볼 때, 순수한 이성적 존재라는 개념의 가설을 지나서 형식적 동등성의 계획에 도달하기 위하여 보편화된 타자의 입장에서 "우리는 타자의 개별성과 구체적 동일성을 도외시한다"(468). "무지의 베일"이라는 비유 아래 롤즈(Rawls)가 제안한 방법, 즉 개인들의 모든 특수한 욕구들과 관심들, 천성의 재능들과 사회의 우대받는 것들을 퇴색시키는 방법을 예로 들어 벤하비브가 구체적으로 설명한 바와 같이 "본래의 나와 다른 사람으로서 타자는 소멸된다"(471).

보편화된 타자의 이 추상적이고 형식적인 입장에 벤하비브는 "모든 개별적 존재가 구체적 역사와 정체성, 감정-정서적인 이해를 갖는 개인으로서"(468) 존재하는 것을 고려하는 "구체적 타자의 입장"을 대립시킨다. 구체적 타자를 사람들은 여러 가지 관점에서 다르게 생각하고 느끼고 의지하고 행동하는 역사적 존재로서 만나며, 가능한 관점들의 이 복수성은 이성적인 개인들의 공동체에서 구체적 타자를 배제할 근거는 되지 못한다. 반대로 사람들은 모든 구별에도 불구하고 다른 사람의 입장과 바꾸어 생각할 수 있고 또한 사람들은 자신의 생각과 같지 않더라도 자신의 입장을 나눌 수도 있기 때문에, 상이성들은 인간과 인간 상호간의 모든 관계 의미를 획득하고 바로 이 관계에 의해 상이성들은 지탱되며 자신들의 고유한 가치를 갖는 '성장된' 개별적 특수성들로서 승인받게 되고 존속하게 된다. "그런 상호 작용을 동반하는 도덕 범주들은 책임, 결합, 공유의 범주들이다. 상호 왕래하는 도덕적 감정들은 사랑, 배려, 동감과 연대성이다"(469).

형식적-보편적 도덕 이론들의 대표자들에게 벤하비브는 구체적인 타자의 입장을 소홀히 했다는 것을 비난함으로써 실제로 항상 삶의 전후 맥락에 매여 있는 인간적인 자아를 보지 못했다는 것을 비난하며, 모든 욕구들과 목표 표상들, 가치 표상들을 외면해서 홉스의 버섯 비유에서 결과하는 오직 사유된 자율적 자아로서만 정의될 수 없는 구체적인 인간적 자아를 보지 못했음을 비난한다. 따라서 포괄적인 도덕 철학에 대한 그녀의 플랜은 "도덕적 자율성의 관계 지향적인 모델"과 연결되어 있는 "욕구 해석의 소통적인 윤리"를 계획한다. 즉, 그녀는 "보편화된 타자의 존엄을 구체적인 타자의 도덕적인 정체성의 승인을 통해 허락하는"(476) "상호 작용의 보편주의"를 옹호한다. 이것은 실천적인 합리성의 담론적인 모델의 틀 안에 있으며, 이 모델은 좋은 삶의 관점 아래 사실적인 욕구들을 도덕 판단에서 찾아내는 데 참여시키는 것을 허락하고,[47] 더 말할 나위

---

47) 벤하비브는 여기서 특히 하버마스의 담론의 이론에 관계한다. 또한 그녀의 책 :『비판, 규범과 유토피 ― 비판적 이론의 규범적인 토대들』, Frankfurt a.M. 1992 참조.

없이 정의의 측면에 배려와 책임의 문제점들을 함께 고려하고, 반대로 정의의 담론이 배려의 문제들에서 영향을 미치는 것을 허락한다.

판단력의 이론에 대한 아렌트(Hannah Arendt)의 단편들에 동조하고 그것의 진척에서 벤하비브는 도덕적 판단력의 실행 방법을 "행동들의 빈도성, 다원성, 서술성의 관점들"[48]에서 진행되는 과정으로 묘사한다. 도덕적으로 중요한 사정과 상황들에서 행위 규정이 만들어질 정도로 그것들은 간단하게 보편적인 규칙에 포섭될 수 없다. 사람의 이야기 식 역사 속에 매설되어 있는 행동하는 사람의 의도들, 준칙들, 선호한 것들과 가치 표상들이 대화적-해석학적으로 해독되고 이해되게 함으로써, 보편타당한 것을 전체적인 전후 관계로 체계화하는 것이 오히려 긴요하다. 소통 과정을 통한 이해에서 논증적으로 획득되었던 토론 참여자의 합의를 표현하는 일회성의 행동은 도덕적 성질을 갖는 반면, 동일한 과정에서 규범적인 것의 책무성은 개인의 행위와 연관해서 구체적인 형태를 취한다. 관계 지향적인 도덕적 판단력이 자신의 의무가 있는 것으로 아는 정언적 명령을 벤하비브는 아렌트와 함께 다음과 같이 형식화한다. "너의 행위의 준칙들이 네가 타인들의 동의를 획득할 수 있을 정도로 모든 타인들의 입장을 포함할 만큼 그렇게 행동하라"(541).

구체적인 타자의 입장을 중심 문제로 하는 윤리학은 모든 개인을 고려하며 타자의 성, 타자의 종족, 타자의 소속, 종교 등을

---

48) 벤하비브 :「판단력 비판과 아렌트의 작품에서 정치의 도덕적인 토대들」, 『철학연구지』 41(1987), 521-547 : 인용 547.

명확히 고려해 넣어서 동등한 가치를 가진 타자를 담론의 파트너로 인정한다. 그런 윤리학에서 담론 파트너는 이성적 존재로서 나를 그와 똑같이 만드는 보편적인 권리들과 의무들을 지닐 뿐 아니라 나를 다양한 방식으로 그와 다르게 구별 짓는 특수한 징표들과 특징들을 갖는 동일한 토론 참가자로 인정한다. 윤리학은 관계를 목표로 하고 삶의 세계의 전후 맥락에서 개인들에게 상호 관계들의 자율성을 부여한다. 따라서 그런 윤리학은 본래 페미니즘이 아니고 인간주의다. 그것은 계급 체계의 남성 중심적인 윤리학의 입장을 배후에서 재정립하려 하지 않고 이번에는 특히 여성 지배 형식의 여성중심주의 유형을 통해 서열화하는 윤리학의 입장을 새롭게 정립하려 시도하지 않음으로써 남성 중심적인 윤리학의 서열화하는 입장을 극복했다는 의미에서 인간주의적이다.

3) 같지 않은 사람들에 대한 동등한 권리들

또한 마이호퍼(Andrea Maihofer)는 길리간을 비판하는 사람들과 여성 비판가들에 대해 길리간을 옹호했다. 그리고 비평가들 대부분이 변증법적 긴장 관계에 있는 두 도덕적 관점들의 도발적인 요점을 잘못 이해하는 사실에 주의를 기울였다. "두 도덕들은 인간들 사이에 평등한 권리의 관계들과 비폭력 관계들의 보편적인 필연성에 관해 인식을 같이 한다. 그러나 두 도덕들은 여러 가지의 도덕적인 담론들 안에서 이 도덕적 명령들을 공식화한다."[49] 벤하비브에 대하여 마이호퍼는 비판한다.

벤하비브가 여성 도덕관을 소통윤리학의 총체적인 플랜으로 지양해버림으로써 길리간이 밝힌 두 개의 다른 도덕적 관점들의 통합성이 일원론적인 도덕의 보편주의를 위해 사라졌다고 마이호퍼는 항의한다(43). 길리간은 도덕적 문제들이 규범적 원리의 문제들에서 끝나는 것이 아니고, 그것 때문에 구체적인 개인성과 인간 관계들의 복합성의 추상이 비도덕적인 것으로 거부될 수 있다는 것을 밝히려 했음을 마이호퍼는 하버마스에 대하여 상론한다(45). 길리간과 함께 그녀는 "다의성에 대한 관용"에 찬성하고 오직 "일원성의 도덕 가능성, 즉 오직 남성 중심적 사유 태도로서의 도덕 가능성이 갖는 표면상의 논리적인 확실성에 대한 표상"을 거부한다. 다시 말해 오직 "동일성이라는 고정된 이미지의 지배에서 그리고 다양성과 차이를 일원성과 동일성으로 반드시 지양해야 하는, 이원성을 오직 일원성을 통해 생각할 수 있는 일원성의 강제성의 지배에서 인지할 수 있는"(48) 남성 중심적 사유의 태도로서의 유일한 도덕에 관한 표상을 그녀는 거부한다.

마이호퍼는 평등성의 개념에서 정통적인 정의의 원리에 대하여 비판하기 시작하고, 평등성의 개념이 "여성 차이에 대한 비서열적이고 적극적인 승인"을 방해하고 있음을 증명한다.[50] 모든 인간들을 자유롭고 동등한 인간으로 승인하는 것을 인간

---

49) 마이호퍼 : 「도덕적인 보편주의의 비판에 대한 발단들 — 길리간의 "여성적"인 도덕관의 논제에 관한 도덕 이론의 담론에 대하여」, 『여권 신장적인 연구들』 6(1998), 32-52 : 인용 40.
50) 마이호퍼 : 「오직 같은 사람들만을 위한 동등성?」, 『차이와 동등성』, 편집인 : U. Gerhard외, Frankfurt a.M. 1990, 351-365 : 인용 352.

의 기본권이 요구한다 할지라도 여성들은 그녀들의 자연의 성을 근거로 해서 같은 인간들로서 여겨지지 않기 때문에 여성들은 제외되었다. "성의 차이에서 인간의 차이가 생기고 인간의 차이에서 사회와 법의 불평등이 생긴다"(354). 따라서 여성들에 대한 차별 대우는 여성들의 본질적인 타자성이 논박당함으로써 이 타자성의 정당한 기준이 반박당한 데서 온 결과다. 남성들의 기준에서 생각하면 다르게 기대될 수 없는 바와 같이, 여성들은 지성과 도덕에 관련해서 남성들에게 뒤떨어져 있다. 전통적인 견해에 따르면 오직 하나의 인간의 (그 자체 안에 차이가 없는) 존재만이 생각될 수 있기 때문에, 여성들이 자신들의 평등의 정당성을 획득하기 위하여 투쟁하려면, 여성들에게 그들이 본질로 생각했던 타자성을 부인하든가 비본질적인 것으로 표명하든가 하는 양자택일만이 남게 된다(356).

인간들의 개인적인 차이성은 권리에서 이차적이라는 독일연방공화국 기본법 제3조의 지배적인 해석을 응용하여 마이호퍼는 자신의 비판 근거를 마련한다. 모든 보편적인 평등의 원칙은 본질적으로 평등한 것의 불평등한 대우를 금하고, 이에 반해 본질적으로 평등하지 않은 것은 심지어 불평등하게 대우를 받아야 한다는 데 그녀의 법 조항 설명들의 핵심이 있다(357). 인간의 불평등한 대우는 인간의 차이성들의 인정을 근거로 한다는 것을 전제한다면, 적법한 불평등한 대우의 가능성 또한 여기서 완전히 주어질 수 있으리라. 그런 가능성은 평등성에 대한 비교의 기준을 고려해서 사고의 전환을 필연적이게 한다. 왜냐하면 마이호퍼가 철학적인 전통을 고려하여 설명하듯이 근대의 정의 개념은 "분배하고 차이를 없애는 정의의 결합"(358)으로서 그 결정체를 만들기 때문이다. 그때 비교된 것의 동등한 비중을 허락하지 않고 남성의 기준을 계획하는 것은 또다시 일자의 논리학이다. 그 결과 남성의 기준은 실제로 "중립적이고" 규범적인 상위 질서의 입장에 중점을 두지 않고, "남성적인 삶의 방식의 부권적-패권주의적인 보편화들"을 대표한다(359). 여성들의 평등성에 대한 판단에는 그런 남성적인 보편화가 깔려 있으며 그 결과 초래되는 것은 여성들이 처음부터 열등한 사람들이라는 것이다. "법에서 여성들의 평등성 기준은 항상 남성이자 남성의 능력들이고 그의 지식이며 가정과 삶, 직업과 학문, 정치학 등에 관한 남성의 표상들이다"(앞의 책). 다르게 표현하면 모든 사람은 법 앞에 평등하다. 그러나 평등성은 윤리적인 관점에서 질적으로 인간 존엄성으로 규정되는 남성의 본질을 기준해서 측정된 것이다.

남성의 은총으로부터 승인된 존엄성 대신 여성으로서 고유하고 진정한 동등권에 근거한 양도할 수 없는 자기 가치를 소유한 존엄성을 여성에게 승인할 정도로 공통의 제3자에게서 지양될 수 없는 인간의 존엄성에 대한 두 개념들에 관하여 논의할 수 있는지 없는지를 마이호퍼는 미해결로 두려고 한다. 그러므로 형식적인 평등성의 인정이 중요한 것이 아니라 여성의 도덕적인 자기 이해의 기준을 자신 안에 갖거나 만들어내는, 더욱이 자신의 동일성을 기초하는 타자성의 기준에 따라 만들어내는 여성 존재 자체의 원칙적인 평등 가치의 인정이 중요하다. 따라서 마이호퍼에 따르면 여성 존재는 독립적인 법 주체로 여성의 권리들을 지각하는 것을 허락하는, 비서열적인 "성 차이의 법"을 필요로 한다. 주도권 쟁탈적이고 팽창주의적인, 일원성의 보편주의를 다원성의 보편주의가 대신해야 하며, 이 보편주의가 양편을 인정하는 논리학을 이용하여 "성 특징적인 (더 이상 성 중립적이 아닌) 보편화의 형식들"(365)을 획득하기 위하여 진력하고, 그 보편에 대한 책무는 여성들이 이 방법으로 형성된 규범들의 공동 발기인으로서 자신을 재인식할 수 있는 그런 방식이다.

4) 성 특징적 도덕의 윤리학

페미니즘 윤리학의 신학적, 발달심리학적, 철학적 관점의 발단들이 하나하나 상이하다 할지라도, 남성 중심적인 입장들에 대한 비판적인 철저한 연구에서 뿐 아니라 여성들의 욕구와 관심들을 공정하게 평가하는 도덕의 기획에서도 토대를 닦은 공통점들이 존재한다. 여기서는 정서적인 것의 비합리적인 본거지에서 맹위를 떨치는 계획들이 중요하지 않고, 이성의 요구를 회피할 필요가 없는 계획들이 중요하다는 것은 더 이상 강조할 필요가 없다.

페미니즘 윤리학은 아직도 계획 단계에 있다. 이 사실은 또한 당분간 그렇게 지속될 것이다. 한편으로는 각각의 윤리적 성찰들을 논증적으로 확실히 하기 위해, 다른 한편으로는 남성 중심적 윤리학의 유형과 논란을 일으키는 영역을 구별하여 단순히 빈칸을 글로 채우지 않고 적극적인 내용의 규정들을 지닌 결과들에 도달하기 위해, "여성" 도덕의 통합적인 개념을 제시하기 위해 진지하게 착수하기 전에 일련의 방법적인 선행 작업이 필요하다. 꼭 필요한 신중함이 전제된다면, 두 과제들을 위해 전통 철학 사상이 다시 이용될 수 있고 또 이용되어야 한다. 이것은 결론으로 두 예에서 명료하게 설명되어야 한다.

(1) 모든 페미니즘 여성학자들은 거의 일원론적인 일원성 개념을 그것과 관련되어 있는 패권주의적 태도 때문에 공격했고, 일원성에 관한 두 개 혹은 다수의 표상을 요구했다. 이러한 표상들을 엄밀히 하기 위해 헤라클레이토스(Heraklit)가 그의 우주론에 이미 적용했던 "유추를 통한 일자"의 응용 방식이 성차이의 사유에 적합한가를 탐구하는 일이 나에게는 의미가 있는 것 같다. 유추는 비슷하지 않는 것이 관계의 동등성을 통해 하나로 통일되는 일을 허락한다. 헤라클레이토스는 우주의 혼란한 다양성을 불 : 땅=공기 : 불=물 : 공기=땅 : 물51)의 형식을 통해 관계의 통일 안에서 하나의 역동적인 구조로 종합적으로

---

51) 헤라클레이토스, 『단편적 자료』76. 여기서 중요한 것은 나중에 표시된 바와 같이 관계에 의한 유추다. 이 유추에는 사물이 공통으로 갖는 유사성의 근원적인 성질을 갖는 최고의 존재자가 존재하지 않는다. 그러나 부가어로 사용된 유사성들에는 그렇지 않다. 여기서는 술어로 사용되는 유사성들의 근원적인 성질의 원형은 최고의 존재자에서 갖는 성질로부터 유래된 것이고. 따라서 그 밖의 사용되는 유사성도 근원적인 성질에서 파생된 유사성이다. 예를 들면, 공기, 사과들, 자연 섬유질의 빨랫감에 관해서 '건강'을 말한다면, 그것들 자체가 건강하기 때문이 아니라 이 술어의 성질이 본질상 갖게 되는 인간과의 관계에서 오는 건강 때문이다. 우리들은 성 관계의 부권적인 사유 유형을 비판적으로 술어가 갖는 유사성의 형식으로 바꿀 수 있다. 그리하여 모든 존재의 근원적 성질은 신이 갖고 있고, 창조된 피조물은 서열에 따라 근원적인 성질로부터 파생되는 유사성을 갖는 그런 명제는 인간의 측면에서 되풀이될 것이다.

파악했다. 그런 관계의 통일에서 이질적이고 결코 서로에 환원될 수 없는 4요소들은 그럼에도 불구하고 상위 질서와 하위 질서를 결코 표현하지 않고 동일한 정당성을 표현하는 하나의 상호 관계를 맺는다. 이 모델은 그 중에서도 특히 길리간에 의해 구별된 두 가지 도덕의 관점에 적용될 수 있다. 여성 : 배려=남성 : 정의. 이 경우 같음의 표시는 도덕적인 행동의 동등한 가치를 보증한다.

　관계들의 전체적인 연관성을 체계화하기 위해 마찬가지로 나타나는 그 밖의 방법은—이 방법이 각각의 관계를 이루는 부분들을 그것들에게 공통되는 관계를 통해 비로소 구성되도록 하는 한—변증법적인 방법이다. 대립된 것은 변증법적인 방법을 통해 어떤 제3자에서 서로 매개된 것으로 생각된다. 대립된 양극 중 각각의 극이 자신의 특수성을 고려해서 오직 다른 극과의 관계에서 규정될 수 있는 양 대립들은 동등한 가치의 극들로 존립하기 위해 그 제3자는 물론 실체화되어서는 안 되고 긴장 가운데 관계로서 보존되어야 한다. 물론 철학의 전통에서 정신과 육체, 자연과 정신, 질료와 형식 등의 변증법은 배제의 요구를 전제해서 흔히 일면적으로 관념화되었든지 유물론화되었다. 그 결과 균형 잡힌 상호 관계 대신 종속 관계가 들어와서 한쪽 부분이 다른 쪽 부분에 종속되기도 하고, 양쪽 부분이 더 높은 급으로 주장되는 제3자에게 복종되었다. 그러나 사람들은 대립들의 일원성을 목표하지 않고 균형을 목표로 하는 통일을 실현시키는 로고스를 원리로 삼아서 근원적인 의미에서 변증법적인 방법을 양 대립에 찬반 입장을 취하면서 실행할 수도 있다. 서로 분리된 실체로서 상관 대상에 중점을 두는 것이 아니고 관계에 중점을 둠으로써 등급화하는 모든 사유를 방지하는 논증적인 범례들에게 우선권이 부여됨으로써, 성 문제와 관련해서 한편으로는 변증법적인 과정을 통해 여성과의 담론이, 다른 한편으로는 여성들에 관한 담론이 수정될 수 있겠다.

(2) 도덕적으로 특수자와 보편자, 개인과 집단, 좋은 삶과 규범적 요구 등의 관계 문제를 풀기 위해 유추적이고 변증법적인 성찰 이외에 실천적 판단력의 이론이 필요하다. 주어진 특수적인 것을 주어진 보편적인 것 속에 "포섭"시킴으로써 등급화의 모든 형식의 배경이 되는 규정적인 판단력과는 다르게 반성적 판단력은 하나의 주어진 특수성에서 보편적인 것을 비로소 찾기 때문에, 그 문제를 풀기 위해 반성적 판단력의 행동 양식에 대한 칸트의 상론이 유익하다.[52] 이것은 성을 특징으로 하는 도덕 윤리학에 중요하다. 다시 말해 성 특징의 윤리학이 여성들의 도덕적 합의에 기인한 보편타당성 요구를 통해 증명되어 있는 실제에 관한 기획을 위해서 남성 중심적인 도덕 개념에 함의되어 있는 보편적인 것에 대한 표상을 순전한 규범성의 총

---

52) 존재하는 모든 것과 타당한 모든 것의 가치 평가를 위해 남자들에 의해 우대받는 모델이 자체에 완결되어 있는 규정적 판단력의 포섭 도식인 반면에, 여자들은 오히려 반성적 판단력의 열려 있는 모델을 좋아하는 경향이라고 말할 수 있을 것이다. 그러한 것으로부터 어느 정도 한편으로는 남자의 로고스주의를 통해 유리한 그리고 다른 한편으로는 여성의 가정중심주의를 통해 유리한 전통적인 역할 분담이 설명될 수 있겠다. 이 점에 대해 피퍼: 「의붓자식 감성 ― 보편적인 것을 통한 특수적인 것의 억압에 대하여」, 『이성의 한계 규정들』 참조.

괄 개념으로서 무시할 수 있는 한, 특수에서 보편적인 것을 찾는 일은 중요하다. (남성적으로 각인된) 실천 이성에 의해서 아직 지시되지 않는 보편적인 것과 책무적인 것, 그리고 통일을 수립하는 것에 이르는 길의 출발점, 즉 특수적인 것, 단일성, 개인적인 것, 구체적인 것은 결정적으로 중대하다. 왜냐하면 이 구체적인 것은 새로운 타당성의 질을 유지하기 위해 새롭게 발견될 보편성의 단계에 이르기까지 구체적인 것으로부터 무엇이 추상될 수 있고, 무엇이 추상화의 과정에서 동반되지 않으면 안 되는가를 성찰하는 데에 긴요하기 때문이다.53) 성은 추상화될 수 있는 양적인 하찮은 것으로서 특수적인 단계에 남겨놓을 수 있다는 사실은 전통적으로 가정될 수 있다. 그러나 밝혀진 바와 같이 남성의 성은 남성의 견해 가운데 보편적인 인간 단계에서 다양하게 위장되었고, 일원론적이고 차이가 없는 일원성의 패권적인 남성의 요구를 통해 자신의 정체를 드러낸다.

성이 제거될 수 없는 중대한 의미로 밝혀졌다면, 성을(sex의 의미에서나 gender의 의미에서도) 실천적 판단력의 틀에서 보편적인 것의 본질적인 것의 함의로 단호히 함께 성찰하는 것과, 첫 조치로 도덕에 대한 보편적이고 "여성적인" 이해를 구체화하는 일이 허락되어 있을 뿐 아니라 바로 성실성의 명령인 것이다. 그런 다음 두 번째 조치로서 양성의 균형을 근거로 해서 도덕적으로 보편적인 것에 대한 제한받지 않는 의지를 규정하고 행위를 규정하는 힘이 승인될 수 있는 성 특징적으로 다른 두 기획들이

---

53) 이 점에 대하여 피퍼 : 「지배와 복종의 피안에서 — 인간 삶의 소원의 기술」, 『이성의 한계 규정들』 1-12, 특히 4 이하 참조.

서로 보완될 수 있는가에 대한 숙고를 하는 것 혹은 양성의 기획들이 하나의 대립을 화해하기 위해 성 포용적인 합의를 가능케 하는 기준들을 공동으로 모색하는 인간의 담론적인 측면을 필요로 하는 대립을 형성하는가 아닌가에 대하여 성찰하는 것이 허락되어 있을 뿐 아니라 성실의 명령이기도 하다.

전 망

지하자원이 다 채굴되었거나 그것들의 채굴이 채산에 맞지 않다면 광산은 버려진다. 남성의 자연주의적 시각에서 여성에게 비슷한 운명이 일어났다. 이상하게도 이런 시각은 이데올로기적 상부 구조를 통해 설정되었고 이 상부 구조의 기초에는 인식을 확립하고 행위를 이끄는 원리로 엄밀한 일원성을 목표로 하는 계획된 합리성이 놓여 있다. 일원성을 만드는 규범적인 가설들에 의해 수세기 동안 발달해온 우리의 삶의 세계를 문화화하고 인간화하는 다양한 전략들은 그러나 자세히 들여다보면 자연과 사회의 극단적인 남성화의 여러 형식들로 증명되었다. 이론적인 영역과 실천적인 영역에서 일원성의 질서를 목표로 하여 모든 것을 처리하려는 특권적인 자세가 갖는 파괴적 결과들은 이제 더 이상 담론을 통해 제거될 수 없다. 자연이 근대 과학과 기술을 통해 남성 지배 의지에 종속된 후, 그리고 고삐 풀린 자연의 힘들이 인간의 이익을 위해 마땅히 억제된 후에도 자연은 점점 더 통제 불능이 되었다. 또한 인간의 상호 관계에서 자신의 타당성을 관철시키는 수단으로서의 권력은 그 적법성을 절대화한 규범적인 일원성의 복안에 두고 있고, 그러한 권력은 억압받는 자들에게 권력에 대한 항거를 야기했고, 일원성 대신에 불화와 적대 관계 및 전쟁을 초래케 했다. 일반적인 분열은 다양한 것의 통합 대신에 다양한 것의 단순화를 통해 일원성을 도출하려는 사유 자세의 직접적인 결과다. 추상에 의한 단순화는 불필요한 것으로서 정립된 것의 삭제를 통해 다양성을 감소시킨다. 다양성은 재규격화를 통해 잉여 부분이 제거되어야 하는 항상 불필요한 과잉이다. 그때 객관적인 것으로 칭해졌으나 실제로는 주관들의 규범적인 정립에서 산출된 일원성에 대한 가설[1]은 말하자면 정해진 틀이다. 그 틀을 기준으로 해서 다양한 것은 날카로운 오성("오캄의 면도날")에 의해 다양한 것에 가해진 주요 부분의 훼손들을 고려하지 않고 형태상 잘려나간다. 그것과는 다르게 통합에 의한 통일이 수립될 때 많은 것들은 같은 모양으로 되는 것을 단념한다. 그 대신 많은 것들은 복합적인 관계들의 그물 안으로 끌어들인다. 그러한 그물 안에서 개별적인 특수성들은 그 자체로 발달하고 자신

---

[1] "실제로 우리는 통일을 상상하는 다원성이다. 강제의 형식들 '실체', '동등성', '영속성'을 갖는 기만의 수단으로서 지성은, 비로소 다원성을 자신의 생각에서 쫓아낸다. "… 영속하는 궁극적인 일원성들은 결코 존재하지 않고 원자들도 단자들도 결코 존재하지 않는다 : 또한 여기서 '존재하는 것'은 비로소 우리들에 의해 의미가 부여되는 것이다(실천적, 실용적, 관점적인 이유들에서)"(니체 : 『유작들』, KSA 제13권, 36).

을 관철할 수 있다. 기계적인 과정들과 자동적인 경과들은 단순화 의미에서 일원성 개념에 따라 사유될 수 있다. 이와는 반대로 유기체의 발달과 인간의 공동체에서는 단지 전체성의 통합적인 의미에서 통일에 관해 말한다. 그렇지 않으면 관계망의 와해나 파괴와 동시에 하나의 폭발력이 발생되고 그 힘은 이제 상호 관계 없는 고립된 다자들을 파괴하고, 통일의 극단적인 반대인 일체가 서로 투쟁하는 무정부를 촉진시키는 하나의 혼돈 속으로 다자들을 서로 흩어지게 하여 표류시킨다.

또한 버려진 여자의 성은 처음엔 낮은 목소리로 중얼거리다가 이제 큰소리로 반대 시위를 하고 있고, 못 들은 체할 수 없을 만큼 큰소리로 공격함으로써 지금까지 유보되었던 권리를 청구하면서 반항하고 일어났다. 말하자면 보편화된 토끼의 시각에서 자신을 비토끼로 보는 것과 자신에 대한 차별을 거부함으로써 "비토끼"라는 표시의 신호를 주는 빈자리를 긍정적으로 채운 오리 시각과 동시에 하나의 통찰이 나타난다. 다시 말해 인간의 지식이 총체적으로 지양될 수 없이 인간화되었다는 보편적인 의미에서 뿐 아니라 우리가 세계를 보는 방법이 선결되어 있게 하는 선이해가 역사적, 지리적, 사회적, 인종 등의 차이에 근거해서 일원성이 아니라는 특수한 고려에서 본다는 것 자체가 관점적이라는 하나의 통찰이 나타난다. 우리가 이 비일원성과 어떻게 관계할 것인가라는 물음은 윤리학에서 자신의 타자성을 근거로 해서 다양한 원리들을 개인들의 행위 기준으로 삼는 공동체의 문제로 귀결된다. 우리들에 의해 조망될 수 있는 역사가 보여주듯이, 단순화를 통한, 즉 모든 다른 사람들을 자신에게 복종시킨 일정한 관점의 규범적인 특권을 통한 일원성을 부여하는 패권적인 모델은 좌절되었다. 미래를 위해 우리는 관계를 통한 통일을 조성하는 통합적인 모델을 목표로 해야 한다. 거기에서 이 관계는 서로의 관계에서 하나가 되어야 할 여성과 남성의 선행하는 동등한 가치의 승인을 전제한다. 그렇게 될 때 비로소 차이성은 그 자체로 존중될 것이고 인류의 다양한 가치를 부정하는 단일성과 단조로움에 의해 희생되지 않는다.

살라딘(Saladin)이 나탄(Nathan)에게 세 종교, 즉 이슬람교와 유대교와 기독교 중 어떤 종교가 유일한 참된 종교인가를 물었을 때, 나탄은 반지 우화를 가지고 대답했다. 이 반지를 낀 사람은 신과 인간들 앞에서 사랑을 받는 신비로운 힘을 갖고 있다. 세 아들 중 누가 아버지로부터 진짜 반지를 유산 받았는가를 심판해야 했던 재판관은 분열된 세 아들에게 다음과 같이 할 것을 추천했다 :

돌아가라! 그러나 나의 충고는 이것이다.
너희들은 본질 그대로를 지켜라.
너희들 각자가 아버지로부터 받은 진짜 반지를 갖고 있다고 생각하면
모두가 확신해서 자신의 반지를 믿으라.
진짜 반지를. ─ 그럴 수 있다 : 아버지는 이제
한 반지의 독재를 더 이상
그의 가문에서 참으려 하지 않는다! ─ 그리고 확실하다 :

그가 너희들 모두 세 사람을 사랑했고, 그리고 똑같이

사랑했다 : 한 사람을 은혜 받도록 하기 위해서

그는 두 사람을 억압하지 않았다. ― 자 어서!

너희들 각자는 오염되지 않는

선입견으로부터 자유로운 사랑을 본받도록 노력하라!

너희들 모두가 경쟁하여,

그의 반지에 있는 보석의 힘이 드러나도록

노력하라! 이 힘을 온화함과,

진심의 화해와,

선행으로써,

신 안에서 가장 내면적인 공손함으로

이 힘을 도와라![2]

아마도 포스트모던(남성중심주의 이후, 후기페미니즘)의 윤리학에서는 일차원적인 합리성의 헌신에 중점을 두지 않고, 다시금 근원적인 단어의 의미에서 사랑=지혜, 즉 지혜의 사랑으로 다시 돌아가는 실천적 판단력을 촉진하는 일이 이루어질 것이다.

---

2) 레싱(Lessing) :『현자 나탄』, III, 7.

옮긴이의 말

인류가 추구해온 좋은 사회는 언제 올 것인가? 관점에 따라 평가가 다르겠지만 아직도 요원하다고 본다. 이런 좌절의 요인들을 사회철학자들은 민족우월주의와 부정한 자본의 독점, 정치적 권력과 이념들에서 찾고 있다. 반면에 페미니즘 윤리학은 잘못된 성 정체성에 초점을 맞추어 좋은 사회의 걸림돌을 추적한다. 자유를 박탈당한 노예와 여성, 어린이를 사물 취급하는 로마법은 접어두고라도, 오늘날 남성들의 여성 소유 의식은 우리 사회에 많은 물의를 일으키고 있다. 더욱이 현대의 인간 사물화와 특히 여성의 사물화는 인류의 절반이 여성이라는 측면에서 볼 때도 심각한 문제일 뿐 아니라 참인간의 자유 실현, 곧 인간 실현의 측면에서 볼 때 우리가 극복해야 할 피할 수 없는 중대한 문제 중의 하나다.

저자 안네마리 피퍼는 이 책을 크게 3장으로 나누어서 기술한다. 제1장에서는 자연의 성보다는 문화의 성에서 만들어지는 제2의 성을 주장하는 보브아르의 여성과 남성을 뛰어넘는 인간의 실존에 대해 논하고, 나아가 양성을 분리해서 사유할 수 없는 이리가레이의 쌍의 윤리학과 보크의 제3의 성, 위티그의 성 정체성과 다원성, 그 밖의 섹스와 젠더에 대한 페미니즘의 여러 시각을 다루고 있다.

제2장에서는 마치 아도르노와 호르크하이머가 그들의 공저 『계몽의 변증법』에서 서구 사상을 이룬 이성에서 파괴성과 침략성, 자연 지배와 인간 지배 그리고 전체주의적 성격을 보았듯이, 저자는 남성 중심적인 사회의 유산을 플라톤의 로고스 중심과 칸트의 선험윤리학, 헤겔의 이성 중심의 변증법, 그 밖의 서양 철학에서 찾는다. 그러나 헤겔의 보편자에 대한 키에르케고르의 개별자의 대항과 비극의 탄생을 소크라테스에서 본 니체의 탈이성 중심 사상에서 우리는 포스트모던으로 이행하는 과도기적 입장을 읽을 수 있고, 소외된 자와 개별자를 복권시킨 아도르노의 『부정의 변증법』과 "성 차이 자체의 진리, 남성과 여성 그 자체의 진리는 결코 존재하지 않는다"고 주장하는 데리다에서 포스트모던 사상과의 공통점을 보며, 들뢰즈의 근경 사상, 푸코의 성과 권력의 결탁, 성별 대립을 막기 위한 리요타르의 철학의 중단 요구 등에서는 현대 프랑스의 포스트모던 사상의 한 측면인 서양의 일원적인 이성 중심의 붕괴와 함께 다원적인 타자 세계가 도래함을 본다.

저자는 마지막 제3장에서 페미니즘 윤리학의 발단들, 즉 신학적 모델, 발달심리학적 모델, 철학적 모델에 대해서 쓰고 있다. 여기서 중요한 것은 이 모델들은 하나의 시작과 계획에 불과하지만 페미니즘 윤리학의 성향을 갖는 다양한 시각이라는 점에 주목해야 한다. 저자는 신학적 모델의 "자매들의 행동 공동체"에서 남성우월주의 종교에 대한 델리의 항거와 부권적인 희생양의 이데올로기를 다루고 있고, 나아가 니체를 접목한 디오니소스적인 페미니즘 윤리학을 논하고 있다. "감성의 영성"에서는 기독교 도덕신학에 대한 여성 경멸과 육체 적대주의에 대한 해리슨의 논박을 다루고 있다. 델리는 해방신학의 여성 개척자로서 그리고 해리슨은 해방신학의 주도자로서 오늘날 미국의 해방신학적 페미니즘의 이해에 도움을 준다.

발달심리학적 모델 유형에서 볼 때 여성은 배려 도덕이고 남성은 정의 도덕이라는 길리간의 이분법 도덕은 배려와 정의의 이분법에 반대한 여러 이분법의 가능성을 가능하게 한다. 예를 들어 경험 도덕과 규범적 도덕, 문화 도덕과 법 도덕, 관계 지향적 도덕과 역할 규범적 도덕 등의 이분법이 그것이다. 나아가 도덕적 판단에 성이 관여하는가의 문제, 다시 말해 여성의 성이 배려와 관계하고, 남성의 성이 정의와 관계하는가 하는 여러 가지 문제점들을 남긴다. 길리간의 이분법에 따른 도덕의 다원화에 대한 반대 주장은 성을 특징으로 하는 여성 도덕 혹은 남성 도덕은 성립할 수 없다는 주장이다.

철학적 모델에서는 첫째 유형으로 인류의 운명의 위험이 걸려 있는 유전자를 조작하는 유전공학자에 대한 여성의 책임과 참여를 요구하는 바이스하우프트의 책임윤리학과 소통윤리학이 접목된 입장이 논의된다. 둘째 유형에서는 이성의 개념에서 성립한 보편적인 타자와 경향성에서 성립한 구체적인 타자와의 대립 구도를 통해 추상적인 보편자의 입장에 대립한 구체적 역사와 정서를 갖는 구체적인 타자 입장을 옹호하는 벤하비브의 타자윤리학이 중점적으로 다루어진다. 관점들의 복수성, 상이성, 개별적인 특수성, 역지사지 등을 갖는 개인으로서의 타자는 "욕구 해석의 소통윤리학"에서 중요시된다. 셋째 모델에서는 길리간에 찬성하는 마이호퍼의 도덕의 다원성을 주장하며, 여성에 대한 차별은 독립적인 법 주체로서의 여성 권리와 여성의 본질적인 타자성의 박탈에 근거하고 있음을 밝힌다. 그녀는 특히 전통적인 정의에 반대해서 "서열 없는 성 차이의 법"을 주장하고, 동일성에 함몰될 수 없는 차이가 "주도권 쟁탈과 팽창주의적인 일원성의 보편주의를 대신해야 함을 역설하고 있다. 넷째 유형에서 저자는 여성과 남성의 성 특징적인 도덕의 독립성이 가능함을 제시하고, 그 가능성의 근거로 "각각의 개체들로 환원될 수 없고 상위 질서와 하위 질서도 표현되지 않으면서 동일한 정당성을 표현하는" 헤라클레이토스의 관계의 유추 논리, 그리고 변증법의 양극 중 어떤 극에도 종속되지 않는 동등한 가치의 극들로 존립하고 양자를 매개하는 제3자를 실체화하지 않는, 양극의 관계를 보존하고 통일이 아닌 관계를 중시하는 새로운 형태의 변증법을 제시한다. 또한 "주어진 특수적인 것 속에서 보편적인 것을 비로소 찾는 칸트의 반성적 판단력을 제시하고 있다.

지금까지 이 책의 핵심이라 생각되는 부분을 독자들의 이해를 돕기 위해 간략하게 설명했다. 페미니즘 윤리학의 이해가 좋은 사회의 중요한 계기가 되는 것은 물론이고, 개인의 사고 방식과 인격 형성에도 일조할 것임을 역자는 확신한다. 그리고 앞으로 남성들 가운데에서도 많은 페미니즘 학자들이 나올 것으로 기대한다.

역자는 수년 동안 대학에서 철학과 페미니즘 강의를 해왔다. 주로 원서를 중심으로 강의를 해왔지만, 가끔 학생들의 요구로 번역서를 텍스트로 사용하는 경우도 있었다. 이때 역자는 많은 오역에 놀란 탓에 번역서에 대한 불신을 부인할 수 없었다. 역자도 똑같은 우를 범할까 두렵다. 역자가 오역이라고 말한 것은 학문적 전문 서적의 경우, 직역이나 의역 또는 문장의 매끄러움 등의 문제를 말하는 것이 아니라, 오직 저자의 뜻이 잘못 전달되었거나 제대로 전달되지 못한 것을 의미한다. 역자도 좋은 번역을 위해 많은 시간을 투자했다. 혹시라도 잘못된 번역이 있을지 걱정되지만, 독자들이 지적을 해주시거나 또 발견이 된다면 다음 기회에 정정할 수 있으리라 믿는다.

역자가 사용한 텍스트는 Annemarie Pieper : *Aufstand des stillgelegten Geschlechts. Einführung in die feministische Ethik.* Originalausgabe. Verl. Herder Freiburg im Breisgau 1993이다.

이 번역이 나오기까지 많은 사람들의 도움이 있었다. 어려운 번역 문장을 쉽고 자연스러운 문장으로 바꾸도록 협력을 아끼지 않고 몇 차례 교정을 봐준 목포대학교 김정자 교수에게 감사드리며, 교정을 봐주신 김정주 박사와 박사 과정 박종모 선생에게도 감사드린다. 어려운 책을 출판할 수 있게 허락해주신

[철학과현실사] 사장님께도 깊은 감사를 드린다.

　역자의 어린 시절, 책을 항상 가까이 할 것을 말씀하셨던, 그래서 역자가 학문적 외길을 갈 수 있도록 힘이 되어주셨던 할아버지의 영전에 이 책을 삼가 바친다.

2008년 1월 20일
옮긴이 **문 영 식**

인명 색인

□ 안네마리 피퍼

1941년에 독일 뒤셀도르프에서 태어났으며, 1981년부터 2001년까지 바젤대 철학 교수로 재직했다. 철학적 주제들에 대한 많은 저서들과 논문들을 출판하고 편집했다. 그동안 페미니즘 윤리학에 전념해왔으며, 실천적 정치의 문제들을 다루는 위원회에서 특히 유전공학의 윤리 분야에서 활발하게 활동하고 있다. 주요 논문으로 「키에르케고르의 익명 저서들에 나타난 역사와 영원성」(박사 학위 논문), 「윤리학의 범주들 — 도덕적 판단의 분석」(교수 자격 논문) 등이 있으며, 대표 저서로는 『윤리학과 도덕』, 『선과 악』, 『쇠렌 키에르케고르』 등이 있다.

□ 문영식

전남대 철학과를 졸업하고 중앙대 대학원에서 석사와 박사 학위를 받았으며, 1982년부터 1985년까지 독일 요한네스 구텐베르크대(마인츠대) 철학과 박사 과정을 수학하였다. 지금은 전남대 윤리교육과 교수로 있으면서 서양윤리학과 페미니즘 윤리학 등을 강의하고 있다. 주요 논문으로 「칸트에 있어서 선의지의 규정 근거」, 「니체의 나쁜 양심의 근원에 대한 가설」, 「포퍼의 역사의 의미와 그 결과들」, 「헤겔에 있어서 변증법적 윤리 — 정신현상학을 중심으로」 등이 있다.

페미니즘 윤리학의 이해
— 버려진 성의 분노

초판 1쇄 인쇄 / 2008년 3월 15일
초판 1쇄 발행 / 2008년 3월 20일
■
지은이 / 안네마리 피퍼
옮긴이 / 문영식
펴낸이 / 전춘호
펴낸곳 / 철학과현실사
서울특별시 서초구 양재동 338의 10호
전화 (02) 579-5908~9
■
등록일자 / 1987년 12월 15일(등록번호 : 제1-583호)
■
ISBN 978-89-7775-658-8 03190
*잘못된 책은 바꾸어 드립니다.
값 12,000원